U0910335

作 者 像

作者简介

董晓萍，北京师范大学教授。北京师范大学跨文化研究院院长、北京师范大学中国民间文化研究所所长、北京师范大学数字民俗学实验室主任、教育部人文社科重点研究基地北京师范大学民俗典籍文字研究中心副主任。国务院学位办学科评议组第六届、第七届社会学组成员兼召集人。国际民俗学会会员。在跨文化学研究方面已出版主要著作有《全球化与民俗化》《钟敬文与中国民俗学派》《跨文化民间文艺学》《跨文化民俗学》《跨文化民俗志》《跨文化民俗体裁学》等。

内容简介

民俗学是与国家历史密切关联的学问，本书讨论与此相关又不大被关注的两个问题：一是女性民俗学者的历史遗产；二是民俗学与多元文化研究结合对国家文化建设的作用。全球化并非一种语境，而是两种：一种是有殖民史而后独立的国家，在重建国家的过程中也重建民俗，其民俗文本也是跨文化文本；另一种是国家历史长期稳定，其民俗是国家共享生产生活模式和知识系统。对这两种语境的民俗共同开展研究，需要跨文化的视野。此外，在考古学、历史学和语言学等相邻学科无法找到遥远证据的地方，民俗学还可以向这些相邻学科提供观察问题的跨文化视角与方法，民俗学本身也因此刷新了自己的价值。

［法］金丝燕　董晓萍　主编

"跨文化研究"丛书（79）

国家·历史·民俗

董晓萍　著

中国大百科全书出版社
2019 年

图书在版编目（CIP）数据

国家·历史·民俗／董晓萍著．—北京：中国大百科全书出版社，2019.8

ISBN 978-7-5202-0526-9

Ⅰ．①国… Ⅱ．①董… Ⅲ．①民俗史学—研究 Ⅳ．① K890

中国版本图书馆 CIP 数据核字（2019）第 146843 号

责任编辑　常　川
封面设计　程　然
责任印制　魏　婷
出版发行　中国大百科全书出版社
地　　址　北京市阜成门北大街 17 号　　邮政编码　100037
电　　话　010－88390969
网　　址　http：//www.ecph.com.cn
印　　刷　北京汇瑞嘉合文化发展有限公司
开　　本　787 毫米 ×1092 毫米　1/32
印　　张　6.5
字　　数　97 千字
印　　次　2019 年 8 月第 1 版　2019 年 8 月第 1 次印刷
书　　号　ISBN 978－7－5202－0526－9
定　　价　49.00 元

教育部人文社会科学重点研究基地重大项目
“跨文化视野下的民俗文化研究”
（项目批准号：16JJD750006）

综合性研究成果

教育部人文社会科学重点研究基地
北京师范大学民俗典籍文字研究中心
北京师范大学跨文化研究院敦和学术基金

资 助 出 版

“跨文化研究”丛书
编辑委员会

总　序

“跨文化研究”丛书是教育部人文社会科学重点研究基地重大项目“跨文化视野下的汉字、汉语与民俗文化研究”的综合性成果，其中包括“跨文化视野下的民俗文化研究”等系列子课题成果，由教育部人文社科重点研究基地北京师范大学民俗典籍文字研究中心执行，由承担北京师范大学“跨文化学研究生国际课程班”教学任务的中外学者撰写。

跨文化研究事业发端于北京大学，奠基人是北大著名教授乐黛云先生，乐先生同时也是中国比较文学专业的开创者，以往中国跨文化研究领域的学者也大都集中于这个领域。在法国，由新一代汉学家金丝燕教授领衔，开拓了跨文化、跨学科和跨文本的学科建设。北京师范大学近年开展的“跨文化学”学科建设之不同，在于将这门吸收世界前沿学问并提倡平等对话的学科，向中国学术文化领域全面推进；同时也让中国历史文明与现代人文社会科学研究成果，通过跨文化的桥梁，公诸于世和交流于世。这种学科的转向是经过长期准备的。

五年来，乐黛云先生、法国著名汉学家汪德迈先生、法国新一代汉学家金丝燕教授、中国传统语言文字学家王宁先生和民俗学家董晓萍教授等联袂投入，将跨文化研究由文学门类，推向中国古代哲学、传统语言文字学、民俗学和科技史学等主要使用中国思想材料研究中国学问的领域，使多元文化发展与跨文化学学科建设整体关联的理论付诸实践。令人欣喜的是，中外学者对此一致响应，现在陆续出版的这套丛书，正是经过各国教授的共同努力，大家从各自以中外不同视角长期研究所取得的学术成就中，所精心提炼的一部分研究成果。

我们希望这套丛书能为跨文化学的理论和方法论建设提供砖瓦，也期盼中外高校跨文化学研究的人才队伍不断壮大。

本项工作得到北京师范大学研究生院的长期支持，

北京师范大学民俗典籍文字研究中心和北京师范大学跨文化研究院敦和学术基金提供了出版资助，谨此一并致谢！

“跨文化研究”丛书编辑委员会

2019 年 1 月 25 日

目　录

总　序　‖　1

前　言　‖　1

第一章　女性民俗学者的历史遗产　‖　1

第一节　西方学界对女性学者的精神遗产研究　‖　6

一、回到班恩　‖　6

二、从国家史到民俗史　‖　20

三、发现另一种家庭模式　‖　22

四、民间文学搜集与研究的跨学科方法　‖　26

五、发现男性学者理论框架的问题　‖　28

第二节　对中国民俗学者精神遗产的综合考察　‖　31

一、从自由阅读跨界到民俗学　‖　31

二、民俗学与国学的天然联系　‖　33

三、从生活史走向民俗史　‖　46

四、对国家和人民的情感在学术研究中的作用 ‖ 52
五、翻译全球化与文化的不可译 ‖ 60
结　论 ‖ 62
第二章　学术史与概念史的研究 ‖ 64
第一节　学术史的研究
——班恩个案 ‖ 66
一、班恩生平著作研究 ‖ 70
二、班恩及其代表作《萨罗普民俗》 ‖ 124
三、民俗分类 ‖ 135
四、纪念班恩 ‖ 141
五、班恩的初步书目 ‖ 145
第二节　概念史的研究
——社会史与家庭史研究的个案 ‖ 160
一、社会史与家庭形态的概念 ‖ 163
二、20 世纪的家庭史与母权制概念的研究 ‖ 166
三、近代与现代母系社会的状态 ‖ 174
四、母系社会的终结 ‖ 176
五、欧洲史与母系社会 ‖ 179
六、芬兰—波罗的海人 ‖ 181
结　论 ‖ 188

附　录　“跨文化研究”丛书书目 ‖ 190

前　言

民俗学是一门与国家、历史都密切关联的学问。民俗现象与历史现象还都有多元化的形态与内涵，两者重叠、互文，绵延与共享。在中国这个古老而文化发达的国家，它们在很早就进入国家知识系统，同时也保留了各种地方模式，存藏多元而丰富。在人类社会进入21世纪以来，全球统一化的现象覆盖世界各地，随之保护文化多样性的呼声日隆，民俗学与历史学由于贴近多元文化的主体性，都成为国家主体文化建设的理论支撑。

钟敬文先生是中国历史民俗学的开创者。他最早提出了它的概念、定义、对象、范畴、结构与方法[1]，创建

[1] 钟敬文对“历史民俗学”的阐述，详见钟敬文《建立中国民俗学派》，哈尔滨：黑龙江教育出版社，1999，第48-49页。

了它的研究范例[1]。本项研究正是在此基础上进行的。

以往历史民俗学强调“对内”的研究，这种“对内”的定位，有着深刻的社会时代背景，乃至归结于国家的性质，因此也有学者将之概括为国家特质文化研究[2]。

在全球化时代，信息全面铺开，谁的民俗和历史都不再是秘密，于是民俗学又有了“对内”与“对外”的新任务。现在世界的变化很快，文化间心意联通的分量在增重，跨国连通的新资源在增加，跨学科研究的空间在扩大，跨时空对话的场合在增多；你了解我，我了解你，成为共同的迫切需求。民俗与历史正是内外沟通的两大活跃要素。你不理它，它也在活跃，于是就需要给予正确的阐释和引导。

当代历史民俗学的新目标就是要把“对内”积攒的好东西，包括本土创造的和外来输入后又在内部发展的，主要是其中的优秀文化产品和学术精华成分，经过知己

---

❶ 关于钟敬文开辟的“历史民俗学”的研究范例，参见董晓萍《钟敬文与中国民俗学派》，北京：中国社会科学出版社，2017，第97-139，159-229页。

❷ 汤一介《中国传统文化的特质》，乐黛云、杨浩编，上海：上海教育出版社，2019。

知彼的分析，开展内外双向交流。具体说，对内，要在了解世界其他多元文化的历史与发展状况的背景下，在现代社会条件下，向国人正确地阐释祖国的优秀民俗文化，帮助国人认识祖先的历史。对外，要在了解其他多元文化的历史与思维习惯的前提下，向外界正确地阐释中国的历史文明与民俗，让外界了解他们所不知道的中国文化精髓，或者外界以往只凭好奇和道听途说得来的、而现在需要改变的印象。

本书还要讨论另外两个人们平时不大关注的问题，而它们都与“国家、历史、民俗”的研究理论和方法密切相关：一是女性民俗学者的历史遗产，在全球化下文化多样性思潮的运行中，她们的早期民俗学调查研究著作中所保存的多元文化特质和个案样本，需要进行价值重估；二是民俗学的多元文化研究对国家社会文化建设的作用，作者特别指出，全球化并非一种语境，而是两种：一种是在历史上被长期侵略后获独立的国家，在重建国家历史的过程中，视民俗为精神支柱，但其重建的民俗文本也有跨文化、跨历史和跨语言的特点；另一种是社会历史长期稳定的国家，民俗属于国民生产生活的共有模式和长期实践，是国家整体文化的组成部分，如中国。对全球化下两种语境的民俗开展研究，注意差异，也理论互鉴，才能推进民俗学的新建设。当下民俗学正在聚集多国多学科学者，在那些历史、语言、考古等学科无法找到遥远时代的证据而不能推进研究的地方，民俗学则因为民俗事象的普遍传承而形成一套稳定的研究对象和研究方法，为其提供借鉴；民俗学本身也投入两种语境下的多元对话中刷新自己的价值。

我们要加强中外同行的学术对话，积极迎进，做“跨”的研究。要有学术创新，也要有自我更新。只有经过努力探索，并进行新建设，才能恪守多元的阵地，坚守美好的自我文化家园。

根据这种新任务、新目标，本书尝试探索。这项工作不容易，这仅仅是一个开始，算是之一，后面还会有之二和之三。作者愿意尝试从一个新的角度讨论相关的命题、个案、框架与方法，希望带来不一样的新成果。作者诚恳地欢迎方家批评，欢迎广大学者和研究生参与讨论。

第一章

女性民俗学者的历史遗产

国家、历史与民俗的关系，在学术史上也有讨论，比如，在中世纪文学研究中，就会涉及它。在对近代欧洲文艺复兴运动的研究中，会谈论到它。在我国五四新文化运动史和现代新民俗学运动史上，也绕不开它。总体说，直至全球化到来之前，在各个人文社会学科的范畴内，对三者的讨论不曾间断，当然时多时少，研究的驱动力也很不相同。

全球化以来，三者的关系凸显，这是当代蓬勃兴起的文化多样性思潮运行的结果。它还有一个特点，就是女性学者所创造的精神遗产格外受到关注，主要是以其保存了多元文化的特质和研究成果的个案化而获得价值重估。当代世界英文的流行与翻译的全球化，还造成对特质化的历史文化成分和差异性的民俗要素生存的威胁，使之处于被同质化的高风险中，这也迫使当代学者重返女性学者的精神遗产，尝试从那里找回原初。事实上，她们的有些民俗记录已不可再生，她们的有些结论今天重看也很宝贵。从学术史上说，这项研究的价值还在于，可以从一个有史料、有数据的角度，揭示中西民俗学者理解“民俗”、“民众”、“国家”、“历史”和“传统”等基本概念的差异。女性学者由于性别意识、自身条件和社会历史等原因，在她们的搜集资料和个人著作中，往往保留了不同世界、不同文化的多元因素，以及对之十分具体的记录与分析，相比之下，男性民俗学者因为偏爱理论和一致性的概括，将这些多元因素给忽略了。对这种理论倾向，今天也需要反思。

国家、历史与民俗的关系是一个历史问题，也是一个当代问题。本书的讨论主要在两种语境下进行。第一种，国家在历史上曾经长期被侵略，后来获得独立解放，这些国家在重建历史的过程中，将民俗视为精神支柱。这些国家的故事、史诗、民歌、谚语，从被侵略前到独立后流传至今的文本，还具有跨文化、跨历史和跨语言的特点，成为这些国家的文化标志和历史性的认同符号。但这些国家的历史是不连续的，或者是残缺不全的，所以需要通过搜集民俗重建国家形象。在这些国家中，“刷”民俗，就是“刷”历史感，“刷”存在感。第二种，国家历史长期稳定，民俗和历史主要体现为国家与民生的关系，民俗更倾向于反映国家生产生活的共有模式和日常实践。当然，在一个国家的内部，也有阶级的层级之差，也有文化的层次之分，但这些都是国家内部的分别，不是外部压力造成的分野，中国就属于这种情况。

全球化还带来了新的性别问题。自 20 世纪后期至 21 世纪以来，国家、历史与民俗的关系产生了变化，同时性别问题凸显。近期民俗学研究指出这是一种十分感性的问题，也是一个影响理论走势的问题。应该说，当代全球化风头正劲、旅游业发达、跨国商业活跃、IT 工业无处不在，在生产领域和消费领域中，女性的数量大幅增加，但这仅仅是性别问题吗？在一些国家的主流媒体和多层次社交媒体中，性别不平等与性骚扰等话题大量出现，比以往任何时候都更为突出，但这仅仅是用性别分析的方法就能做出解释吗？显然不能。在大多数情况下，对全球化下两性差异的争论，或许有助于建立女性的新社会身份，却丝毫无助于减少当下社会的两极分化。然而，在这方面的讨论中，由于没有触及国家和历史的问题，没有考察社会文化传统，还很难触动人们的思想神经，这就是为什么只关注性别差异问题，甚至过于急躁地给出解释，所得到的结果，反而是不痛不痒，有时还会引起反对的原因。

另一种理论倾向随之兴起，就是把关注的重点放到女性学者身上，因为她们的研究工作和著述有史料可依，有与男性民俗学者合作或不和谐的记录。对之展开研究，能观察、能统计、能反思，能走向国家、社会、历史和传统的深层。这是一项值得进行、也可以开展的工作，可惜以往光顾者少，现在关注者也不多。

这里使用的“女性学者”的概念是广义的，主要是针对 19 世纪中叶至 20 世纪涉足民俗学搜集和研究的女性知识分子所采用的界定。那是一个有意思的阶段，以往曾认为男强女弱，现在回头看，却有不小的误解。实际上，有些女性学者的贡献比男性更重要。至于本书将反复提到的“民俗学遗产”，则侧重于民俗资料搜集和民俗研究成果两者。来到这个领域工作的学者，未必是专业民俗学者，这也符合那个时代男女学者都大量“客串”民俗学活动的事实。

本章的研究方法，主要运用跨文化学的视角，采用个案法，进行中西学界的影响研究、平行研究和差异性研究。在研究资料上，以使用中国资料为主，也使用与中国现代民俗学史相关的外国学术资料，重点使用民俗学史和相邻人文科学史上已经出版的著述。在研究对象上，侧重女性学者，也适当涉及与之相关的男性学者。

第一节

西方学界对女性学者的精神遗产研究

在西方国家，主要是在19世纪中叶至20世纪初，在民俗学和人类学等学科的学术社团建设、资料搜集工作和研究方面，做出决定性贡献的，并不是男性学者，而是女性学者。早期女性学者还提出了一些至今看来都十分重要的问题，有的在当时就产生了影响，也有的直到今天才被学术界（包括男性学者）所重视，对这方面的遗产需要总结和反思。

一、回到班恩

自19世纪中叶起，在欧洲学术界，涌现了一批重要学者，他们不仅在本国有名，在中国也很有名，如泰勒

（Edward Burnett Tylor，1832-1917）、安德留·朗（Andrew Lang，1844-1912）、弗雷泽（James George Frazer，1854-1941）和迪尔凯姆（Émile Durkheim，1858-1917）等，都属于这种情况。他们的著作被陆续介绍到中国，对中国早期民俗学运动产生了影响，他们的有些观点至今还被沿用。与这些男性的名字一起远渡重洋来到中国的，还有英国女性民俗学者班恩（Charlortte Sophia Burne，1850-1923）。班恩与这些男性学者是同时代人，年龄相仿，曾经共同星光闪耀。班恩所编著的《民俗学手册》，代表了英国民俗学会当时的集体最高水平，曾在20世纪初的二三十年代被选译成中文介绍到中国[1]，为广大中国民俗学者所熟知。我国五四时代的一批学者，包括周作人和钟

---

[1] 班恩，又被译为“班尼”“博尔尼”“夏洛特·索菲娅·班恩”等多种译名，本文采用中文出版物中最常见的译名“班恩”，以方便有关学者和感兴趣的读者查找和整理历史文献。本书中其他外国著名学者的译名，已有固定译法，读者耳熟能详的，兹亦从众，不另译，如“泰勒”“弗雷泽”“迪尔凯姆”等。另，关于班恩著作的部分中译文在20世纪初被介绍到中国的历史，参见钟敬文《中国印欧民间故事之相似》，原作于1928年，收入钟敬文《钟敬文民间文学论集》，下册，上海：上海文艺出版社，1985，第240页。关于班恩编著《民俗学手册》较为完整的中译本，参见［英］查·索·博尔尼（Charlortte Sophia Burne）《民俗学手册》，程德琪、贺哈定、邹明诚、乐英译，上海：上海文艺出版社，1995。

敬文，都曾相当关注这批学者，包括受到班恩的启发，并在个人的著作中经常引用他们的学说。但是，颇不平衡的是，在这批西方学者的输出信息中，男性的多，女性的少。班恩是他们中间唯一的女性学者，又是英国民俗学会的两任主席，也与安德留·朗和迪尔凯姆的学术来往很多，本人著作高产，呼唤风云，同样是杰出的历史人物，但却一直蒙着面纱的“蒙娜丽莎”。在长达一个世纪的时间里，外界几乎找不到她的生平著作资料，这是十分遗憾的。现在回头看，如此失衡的原因，是与当时的社会历史背景分不开的。在 19 世纪中叶至 20 世纪中叶的环境中，在欧洲人文社会科学领域，男性主导、主流化理论主导、统一化格局主导，于是班恩就被湮没了。此外，除去社会权力、思想潮流和学术导向的差异而外，还有一处不同，就是在对人类社会模式和文化形态的认知与表述上，主要是在资料搜集、理论建构方式和方法上，男女学者有差别。虽然这些学者都有强大的思考力，有漂亮的表达公式，但在女性学者的著作中，更倾向于以个人的独立思考获得自由发展的创造成果。她们通过撰写个人经历，描述个人观察，反观个人理论联想，提升分析民俗现象中的性别活动和性别意识，拓展了学术研究的理论范围。而这一努力是有益的，能促进差异化的历史资料和民俗事象被记录、被分析和被归类，进入学术史。班恩正是这类女学者中的翘楚。随着近年人们对多元化研究的认识的改变，女性学者的精神遗产研究成为热点，班恩被重新发现[1]。

班恩出身于一个富有的家庭，父母重视子女教育。在母亲的精心培养和鼓励下，她自幼就对古老的风俗产生了浓厚的兴趣。风俗与历史相关，所以她热爱历史。风俗在身边发生，所以她天生的观察力很早就被激发，并发展到惊人的程度。可惜在她生活的时代，英国女性还不能上大学，这是英国社会当时的普遍现象，即使是贵族家庭的女性也不行。不过她有完整的中小学教育，她的优越的家庭教育也能弥补大学教育缺失的不足，还能让她避免大学教条的束缚。她在官员、学者兼牧师的家庭藏书中自由阅读，她在前辈积攒的大量文艺藏品中随意浏览，她在几世同堂、男仆女佣众多、骏马与宠物穿梭的环境中长大，结果获得了具有充分自然环境特征的、极为多样化的和全面丰富的知识，成为一位博学多

[1] 本章以下讨论班恩的生平著作和学术思想要点，主要使用英国民俗学会《民俗》杂志发表的共享资料，详见本书第二章第一节中作者翻译的5篇文章。

识的女性。她有超常的思考能力，能够不停地提出各种问题。还是少女的时候，她的高度活跃的思维就已达到与幼小年龄不匹配的程度，连医生都惊讶不已。医生说，如果她累了，就停止想问题；如果她病了，就不要再提问题。她的整个家庭都有写日记和写信的习惯，几代人下来，积累了系统的家庭文献，从中可见，她在十几岁时，就被长辈认定为是大学者的料。正是她的出人意料的学术能力，帮助她后来成为英国早期民俗学的搜集家和理论家。她擅长写作，大量发表，一生高产，也令人称奇。周围的人都不知道她的极为充沛的、不知疲倦的精力是从哪里来的。她的英国民俗学会的同僚几乎都是男性，有些还据说是很难相处的男性，但她的学术成就、贵族气质和温雅作风都让他们倾倒。他们爱戴她，拥护她，甘拜下风。她终生未婚，据说与此有关。

班恩的天赋在没有干扰、没有污染的氛围中，自由自在地按照学术兴趣和实证研究的方向去发展，所以她的理论建树至今活态新鲜，找不到任何雕琢和模仿的痕迹，这使她的著作极为宝贵，值得仔细研读。她的成名作《萨罗普民俗》，开创了最早的民俗分类理论、民俗搜集理论和田野作业伦理理论，特别是她提出的信仰民俗分类定义与方法，至今无出其右者，堪称多元民俗文化研究基础理论的样本。她的《民俗学手册》是第二版的修订版，是在国际视野下阐述民俗学的性质、特征和功能的代表作，里面还提到了中国和印度。这本书的地位就像一本教科书，在理论表述、资料注释、方法论和故事类型方面，都提供了模式。中国民俗学早期引进西方现代人文科学方法，重新解释中国历史文献，确定中国民俗学研究侧重精神民俗的取向，以及重视民间文学搜集工作，都直接吸收了班恩这本书的观点。当然，在当时的历史条件下，班恩的学术声望不可能凭借国际影响得来，而要靠她在欧洲同行中的崇高声誉和稳定的学术地位获得。英国人类学家安德留·朗和法国社会学家迪尔凯姆都与她有纸笔往来，安德留·朗为她的著述写过四次序，她与迪尔凯姆也是很好的朋友[1]。他们思想平等、思维能力匹配，在学术上互有启发，所结下的学术友谊超越了性别的界限。

班恩是英国民俗学界的顶尖学者，但她不是个人主

[1] Gordon Ashman & Gillian Bennett, *Part 1: A Life and Appreciation*, in Folklore, Vol. 111, No. 1, London: Taylor & Francis, Ltd. (Apr., 2000), p. 12.

义者，她还全身心地投入英国民俗学会的社会活动中去，积极地参与英国民俗学会的建设，成为一名带队的学术主将。在她的主持下，在她的时代，英国民俗学会成为一个有社会声望的纯学术团体，致力于民俗学和民间文学的搜集和研究，成果丰硕。

班恩的学术思想有以下要点。

第一，民俗学是认识和阐释本国历史的学问。班恩由热衷古物旧俗进入民俗学研究，她认为本国历史的见证物是本国的传统，在本国传统中，有古老的历史，也有民俗。民俗是一个知识系统，但它不能完全由民众的直接行为和以往的书面记载自动获得，而要依靠科学系统的搜集活动才能得到。她指出，在本国的民俗和别国的民俗之间，传统是平衡物。民俗是最近的历史。民俗学的对象、结构和功能都应贴近历史。民俗学的任务就是帮助国人认识本国的历史。班恩的这些独到的见解，源于她有很强的历史意识。在班恩的时代，英国的殖民主义还在继续扩张，她的创造性工作是开拓了英国本土的民俗学。班恩的这些思想特征使她创造了有历史纵深性的、而不是殖民地的民俗学。她还强调，英国民俗学者的历史意识要扎根于英国的本土文化，而不是伸长到别国别人的文化中去。在她的学术生涯中，英国人文社会科学中的几个门类，都是在离开本土的远洋航行和驻扎中成名的，很多英国学科的成名地，也都是英国的殖民地，像人类学、社会学、文化学。但是，漂洋在异域他邦的英国人有了新的调查基地，如地处南亚的印度，北美洲、澳洲、大洋洲的一些国家和南太平洋岛国，但这些英国学科发达一时，却告别了自己的欧洲思想文化家园。班恩表现出对这种殖民倾向的不满。虽然她的很多学术同僚未必十分有意识地区分殖民学术与非殖民学术，但这并不能阻挡班恩对殖民学术的反对。在第一次世界大战爆发前，她就很有预见性地指出这一点，认为："欧洲民俗学者应该从事欧洲民俗学研究。民俗学的特殊价值在于，可以揭示欧洲文化的早期阶段，这样不仅可以更好地理解发展中的人民的现有民俗，还可以更好地理解欧洲的历史。"她认为，欧洲民俗学者在欧洲大有用武之地，欧洲民俗学者的专业知识应该用在欧洲，而不是去别人的土地上施展拳脚。她的情结就是她的祖国，她说，民俗学的发展方向正是"在我们自己的国家"进行系统的田野作业，"民俗学可以通过提供历史视角"对其他人文社会科学产生启发性。当然，在当时的社会舆论下，她有时也不能不稍做让步，但从她的基本观点看，她还是坚持认为，本国的民俗角色应体现在本国的历史中，即使眼下英国民俗学的研究会被削弱，也会在“即将到来的”或者“对于不久未来的研究工作”发生作用[1]。班恩的预测是有效果的，当代欧洲学者已经在使用她所谈到的民俗学的历史视角，重新研究欧洲的历史，本书在第二章第二节中会对此展开讨论。

第二，民俗学的研究对象是精神民俗。如何研究英国民俗学？班恩的回答很明确：以民间文学为核心，开展精神民俗研究。她所考虑的是，在民俗的整体结构中，只能通过民间文学进入分类，然后再概括为理论。她的原意是：“当人们倾向于理论时，应该在搜集资料的基础上，构建综合性的分类体系”[2]，“它的核心部分是信仰、习俗、故事、民歌和谚语”[3]。她认为，物质民俗对民俗学的理论建构就没有同等的作用。她还提出：“民俗

[1] 班恩提出这个观点的时间是1910年，详见 Gordon Ashman & Gillian Bennett, *Part 1: A Life and Appreciation,* in Folklore, Vol. 111, No. 1, London: Taylor & Francis, Ltd. (Apr., 2000), p. 15.

[2] Gordon Ashman & Gillian Bennett, *Part 1: A Life and Appreciation*, in Folklore, Vol. 111, No. 1, London: Taylor & Francis, Ltd. (Apr., 2000), p. 159.

[3] 班恩提出这个观点的时间是1910年和1911年，详见 Gordon Ashman & Gillian Bennett, *Part 1: A Life and Appreciation*, in Folklore, Vol. 111, No. 1, London: Taylor & Francis, Ltd. (Apr., 2000), pp. 15, 161.

是科学之父，而不是艺术或手工艺是科学之父。”我们从学术史上看，对物质民俗发生兴趣，大都产生于多国文化的接触中。海外汉学家就把物质民俗当作认识中国社会的入口。但班恩一辈子没有到海外旅行，她就不说这个话。在她担任英国民俗学会会长期间，民俗学是被人类学所包围的，人类学者热衷于谈论和介绍别国的物质民俗，但班恩认为：“他们（包括手工艺）试图从民俗的研究中学习哲学、崇拜、法律、医学、历史、智慧和幽默、诗歌和浪漫、（音乐和）戏剧的起源，虽然我觉得，这样做，对记录资料是可能的，但这对理论结论的分类是不可能的。”[1] 我们把她的精神民俗观放到她的历史观中，放到她坚持英国本国民俗学研究的立场中，放到她不畏惧海外社会人类学调查获得成功、威胁到民俗学的语境中，是可以理解她的。她的这个思想取向对 20 世纪 30 年代反对侵略战争、主张爱国民俗学研究的中日学者都有影响[2]。当然，在历史条件和社会语境都发生变化后，

[1] Gordon Ashman & Gillian Bennett, *Part 1: A Life and Appreciation*, in Folklore, Vol. 111, No. 1, London: Taylor & Francis, Ltd. (Apr., 2000), p. 162.

[2] 关于班恩忽视物质民俗研究对中日民俗学的影响，参见董晓萍《跨文化民俗学》，北京：中国大百科全书出版社，2017。

学科研究的重点也会发生变化，以适应人类优秀文化发展的需求，这也是人文科学所必备的一种特质，民俗学也如此。把班恩的这种观点放到现代民俗学体系中是有偏失的，钟敬文晚年就多次发表关注物质民俗研究的谈话[1]。

第三，民俗学的研究方法是整体性方法。班恩在民俗学会执政期间提拔了一位男性学者过姆（George Laurence Gomme）。此前过姆曾慕名而来，到班恩府上拜访五天。他对班恩的搜集理论很折服，称她为“民俗搜集的女皇”[2]，他对班恩的研究方法也十分敬佩，从此追随班恩。班恩的方法论是从民俗学田野调查中来的。她强调民俗学者到实地去系统地搜集资料，对民俗搜集资料做精细分析，然后要做整体研究。她是很早就强调整体性研究方法的民俗学者。她的整体性研究方法的内涵还是历史观，但又增加了地理观。她认为，民俗自带历史因素，需要在历史框架内做解释，但民俗也有地理

---

[1] 钟敬文《中国民间漫话》，收入钟敬文《钟敬文文集·民俗学卷》，连树声编，合肥：安徽教育出版社，1999，第 271、273 页。

[2] Gordon Ashman & Gillian Bennett, *Part 1: A Life and Appreciation*, in Folklore, Vol. 111, No. 1, London: Taylor & Francis, Ltd. (Apr., 2000), p. 14.

因素，需要对民俗的地方分布做考察。将民俗资料的历史因素和地理因素做整体考察，就可以发现民俗分类的途径，所以她得出结论说："它比较适合使用现代整体性方法（a moden holistic approach）。"

第四，民俗学与人类学的区别。班恩所做的一个重要工作是将民俗学与人类学区分开来，这在当时就要力排众议、特立独行，不过这也成了人们对班恩挥之不去的理由，乃至今天对她的研究还热得发烫。这里选择她的三个主要观点做介绍：（1）人类学做制度化研究，民俗学不做制度化研究。班恩看见当时人类学的海外成功，但保持距离，她说："这儿，那儿，到处都有窃窃私语，说我们的进步没有那么美妙。他者，即便就在我们中间，也在告诉我们，我们正在采用错误的方法，肆无忌惮地到处比较，把某些民俗'事象'从起源阶段抽出来，把它们与其他社会制度和其他文化阶段中同样被连根拔起的其他'事象'放在一起，这样民俗学就要人为降格。民俗学者需要仔细地考察民俗的概念界定，加强研究民俗的异文，更深入地探究背后的原因。"她为此批评过姆跟风，跟着人类学去做"制度性风俗和社会组织"的研究，她说："除非民俗确实在现代社会现象和古老社会之间起到纽带作用，他的说法才具有实际意义。”[1]她的批评是委婉的，但她的态度是严厉的。早期中国民俗学者并未跟随过姆，这与中国民俗学和人类学都不搞殖民学术有关，而始终都在国内做调查研究。（2）人类学研究别国神话和信仰，民俗学不研究别国神话和信仰。她说：“想象一下，特纳将萨摩亚的所有岛民对他们的神的想法和信仰都归入民俗的范畴，这是值得怀疑的。因为这需要考察当地人自己的分类之后才能做决定，只有当地人自己能从某某作品的语言和结构上清楚地看出，它是不是一个关于民众自己的民歌或故事。”[2]直至今天，我们仍要接受班恩的这个判断。当时人类学者以局外人的眼光鉴定局内人的民俗，出错不少，后来受到过很多批评。本书的第二章第二节还会对此做分析。（3）人类学做统一理论范式研究，民俗学做多样化实证研究，两者追求的宗旨不同。班恩说，人类学“所追求的结果仅仅是心理上的，即对民俗信仰、民俗情感和民俗传统的

---

[1] Gordon Ashman & Gillian Bennett, *Part 1: A Life and Appreciation*, in Folklore, Vol. 111, No. 1, London: Taylor & Francis, Ltd. (Apr., 2000), pp. 14-15.

[2] Charlotte Sophia Burne, *Classification of Folklore*, in Folklore, Vol. 4, No.2, London: Taylor & Francis, Ltd. 1886, pp. 159, 161.

全面理解。但是，人类学肯定犯了一个错误，就是宣布结果时，不是建立在资料发现的基础上的，这就像预先做出判决，再去听取证据一样”。谁能做出选择？班恩认为：“这个问题当然还不能彻底解决，也许永远也不会彻底解决，但是‘传统’可以很好地描述它们之间的纷争，虽然没有肯定任何东西，只有一个无可辩驳的事实，那就是民俗是传统的。”❶

班恩一生的大部分时间都行走在国家、历史与民俗之间。她爱自己的祖国，毫无保留地奉献，受到英国民俗学者的普遍爱戴。班恩的民俗学理论是她为争取民俗学独立研究迈出的第一步。她从历史出发，也顾及民俗的地方性分布，为民俗学规定了自己的研究领域和研究方向。

距我们最近的英国民俗学会主席叫欧娜·奥派（Iona Opie），是英国民俗学界另一批女性学术带头人之一。欧娜·奥派和丈夫研究儿童民俗，两人共同出版了很多著作，书中保留了他们在民俗学田野作业中奉献的

❶ Charlotte Sophia Burne, *Classification of Folklore*, in Folklore, Vol. 4, No.2, London: Taylor & Francis, Ltd. 1886, p. 161.

爱心和广博阅读各种资料留下的痕迹。她还留下了大量文献档案供后人核查和利用。将她与班恩在一战前和一战期间从事的民俗学研究相比，她的民俗学研究主要是在二战期间进行的。她在二战后继续工作，这反映了她对祖国的热爱和勇于承担历史责任的使命感。她服务于英国民俗学会工作多年，牺牲了很多个人的研究时间，但她一直坚持下来，不曾中辍。英国民俗学会在二战后得以迅速恢复重建，以及英国民俗学的研究赢得了受人尊重的地位，都与她的付出有关[1]。这两位女性对英国民俗学会的贡献可谓一头一尾。

二、从国家史到民俗史

北欧的芬兰，波罗的海的爱沙尼亚、拉脱维亚和立陶宛等国家，都有被历史上的瑞典、俄罗斯、德国等占领的经历，后来获得独立解放，恢复了本国在世界版图上的位置。在这一过程中，民俗与国家的形象融汇，成

❶ http://folklore-society.com.

为一部活态的历史。史诗中的英雄精神成为民族历史的灵魂。芬兰人的史诗《卡勒瓦拉》就像一颗定海神针，能把芬兰人民的心钉牢、抓住。不过芬兰学者近年也发现，除了史诗，芬兰人的谚语等其他民间文学体裁也很多，它们流传历史悠久，同样是芬兰国家历史的一部分，但与史诗研究相比，以往对芬兰谚语的研究没有引起足够的重视，所幸早期芬兰女性民俗学者没有受到偏爱史诗体裁的影响，她们的著作可以弥补这个遗憾。芬兰女性民俗学者搜集民俗资料的方法，不是从男性学者主宰的理论潮流中来，而是借助女性的认识和生活经验去寻找。她们搜集谚语，没有做纯粹的谚语分类，而是按照生活本来的逻辑，把谚语与故事放在一起分析。丽莎·格拉布—贺拉奈（Liisa Granbom-Herranen）说，在很多情况下，女性民俗学者是把谚语直接放到生活故事中的，并不强行拆开，这就使谚语保持了解释生活民俗的原貌。丽莎·格拉布—贺拉奈还对19世纪末至20世纪初芬兰女性民俗学者搜集的谚语主题做了数据统计，发现其中提到母亲或祖母的占45%，提到父母或祖父的占20%，提到父母的占10%，提到邻居和村民的占10%，什么都没提的占15%。她认为，这批数据透露出女性民俗学者在田野作业中所持有的女性情感和思想关注点[1]。女性民俗学者搜集的谚语和故事特别关心儿童生活，所给予的评论也很多，在这方面留下很多宝贵见解和史料，可惜她们这些观点和方法没有引起重视。当时芬兰的男性民俗学者都在热衷于史诗，纷纷用故事类型法剖析史诗，他们把故事类型法当作手术刀，把故事切到最细的情节单元和母题细胞，再做自然科学式的分析，结果把文化从民俗中拎走了。现在需要查阅当初芬兰女性民俗学者的记录本，对照她们的研究，去恢复另一部分历史，或许还能找到被手术刀切掉的筋骨血脉。当然，与民间文学的内容相对而言的“形式”，也是一种“内容”，但研究“形式”是实验室的工作，只有学者才能干。现在谈到民间文学多样性的“内容”，由民众自己干。

三、发现另一种家庭模式

跟芬兰一样，爱沙尼亚也先后被多国侵占，而且历史

---

[1] Liisa Granbom-Herranen, *Women's Place in Finnish Proverbes from Childhood*, in Year Book of International Proverb. FEJF2010.46.granbom, pp. 95-110.

都不算短。爱沙尼亚学者对于搜集民俗、建立民俗档案和撰写民俗著作特别重视。爱沙尼亚英雄史诗《卡列维伯格》对爱沙尼亚人民的重要性，就像《卡勒瓦拉》对芬兰人民的重要性一样，直接被用于国家历史的形象塑造。爱沙尼亚故事和民歌对爱沙尼亚文化建设的功能，也不亚于《圣经》的教义。但民俗不是万能的，举个例子说，民俗的短板是史前社会，因为民俗学者无法到史前的祖先那里去做田野调查，也无法听到史前的口头叙事。面对这个难题，爱沙尼亚女考古学者玛丽卡·玛吉（Marika Mägi）做了一个尝试。她从考古学者的眼光，加上跨文化的视野，使用民俗学的方法，重新观察和使用社会学和人类学的著作，结果发现有一批女性学者的早期调查资料和研究成果需要启用。这些文献在男性学者主宰的时代不受重视，但现在看来却是难得一见的史料。她查阅书中接近当时的“现实”后来又成为“历史”的描述，解读女性学者眼中早期的“事实”与“理论”两者，她注意到，女性学者的这类著述，很接近考古发现，只是因为她们所述与长期占主流地位的男性学者的理论期待不符，被男性学者质疑或否定。但今天看来，她们的田野记录和理论分析保留了当时当地多元文化的要素。在二战后迅速变化的社会进程中，这些多元要素消失得很快，有些已不可再生，于是要尝试从这批著述中找回原初。男性学者热衷于理论概括，喜欢统一化的表述程式，看不到这种具体而微的文化多样性，看不上貌似不可理喻的他者文化，而女性学者却由于性别条件和思维特点可以看到。今天将这类著作重新找来看，能发现它们不仅有历史价值，而且会在被重新评价的过程中产生现实意义❶。

玛丽卡·玛吉研究的一个著名个案是美国女人类学者玛格丽特·米德（Margaret Mead）的著作。米德之名，算是名满天下，在人类学史、社会学史和民俗学史上都要提到。她靠两部书一举成名：一部是《萨摩亚人的成年》❷，一部是《三个原始部落的性别与气质》❸。两者也都引起热议，主要是遭到了男性学者的排斥。但除去

---

❶ Marika Mägi, "Matrilineal Societies in European Past?" *in Cross-cultural Perspectives*, in Research of family and matriarchy in the 20th century, 2018, p. 7.

❷ Margaret Mead. *Coming of Age in Samoa. Perennial Classics. 1928*，2001. 中译本，［美］玛格丽特·米德（Margaret Mead）《萨摩亚人的成年》，周晓红译，北京：商务印书馆，2008.

❸ Margaret Mead. *Sex and Temperament in Three Primitive Societies*. Perennial Classics.1935, 2001. 中译本，［美］玛格丽特·米德（Margaret Mead）《三个原始部落的性别与气质》，宋践等译，杭州：浙江人民出版社，1988.

一时主流者的强势，不容否认，米德的理论贡献有三：（1）20世纪上半叶，只有少数学者关注到其他社会的家庭史，并撰写了个人学术生涯中最有影响的著作，米德就是其中之一，还有一位是法国人类学者列维—斯特劳斯（Claude Lévi-Strauss），两人成为这方面能够比肩的佼佼者。（2）米德发现了与西方社会的家庭史完全不同的另一种家庭模式，如新几内亚的家庭，这个国家的妇女在这位女性学者的眼里一直扮演着活跃的角色。在《萨摩亚人的成年》和《三个原始部落的性别与气质》两部著作中，她都提到，将新几内亚家庭与当代西方家庭做比较，就会对新几内亚家庭中的妇女主权地位看得更加清楚。可惜当时巴霍芬（Johann Jakob Bachofen）等人提出的母权制理论尚无定论[1]，男性学者不喜欢她的书，有人甚至对她重炮轰击。这种男性偏见至今依然存在，好在米德的名气也一直存在。（3）米德通过性别意识理解他者的家庭史，对其性别、集体性和代际关系有新的见解，而这些问题至今都是民俗学界讨论的问题。

[1] Johann Jakob Bachofen, Das Mutterrecht. Eine Untersuchungüberdie Gynaikokratiederalten Weltnachihrerreligiösen und rechtlichen Natur. SuhrkampVerlag, Frankfurt am Main, 1861/1975.

米德做出了这些贡献，除了她的理论素养和田野作业功夫，还因为她有挚爱的情感，挚爱的情感又与维护传统有关。这种挚爱的情感流溢于内心，从根本上成就了米德，让她成为描述和分析别国历史和家庭民俗的天才。

四、民间文学搜集与研究的跨学科方法

在欧洲大陆和美洲大陆之间有一段黑色的移民史，在移民中间，也有国家、历史和民俗的问题。三者的关系如何界定？这是一个不容回避的问题。如果需要界定，是否也需要民俗的指引？是否也有女性学者走在前方的路上？最近这类研究已经展开。阿根廷女学者玛利亚·帕列罗（Maria Palleiro）对阿根廷移民做了研究，指出女性的开辟作用。

她在近年田野调查中发现，在20世纪初，有一批阿根廷移民漂移到欧洲，在斯洛文尼亚、拉脱维亚和立陶宛等国落户。在近一个世纪或更长的时间里，这些来自远方的移民如何记忆自己的国家和历史呢？她在移民区做了调查，发现移民自己编写和传播的民俗读物发挥

了作用，而且又是女性民俗学者充任了先锋。她们是阿根廷移民中有知识的女性，早在20世纪初，她们就动手搜集、编纂和出版民俗田野调查资料，向阿根廷移民发放，供他们阅读。在她们中间，有几位是中小学女教师。她们利用上课的机会，教给学生一些搜集方法，让学生回家后向父母和祖辈调查、记录民俗与故事，返校再交作业。1921年，最早的一本《阿根廷民俗调查》出版，就出自这批女性之手。中学女教师波塔·艾列那·维达尔·巴蒂妮（Berta Elena Vidal de Battini）以一己之力，出版了10卷本的《阿根廷故事与传说》，其中包括《阿根廷故事卷》7卷和《阿根廷传说卷》2卷，她本人还模仿芬兰学派的AT法，编纂阿根廷故事类型1卷[1]。这批女性能阅读，掌握初步的民俗学知识，在教育、文学和民俗之间积极地行走。她们通过自己的努力，帮助阿根廷移民了解共同的历史，获得文化身份。她们所使用的方法是跨学科的。

女性学者的写作没有男性的功利目的，她们的角色

---

[1] Maria Palleiro, Slovenian and Argentinean Folk Narrative Archives: a comparative approach, draft, April, 25, 2018.

是多元的。她们是民俗和传统的承担者兼搜集者、作者和学者，有的也是故事讲述人和表演者。她们长期位于民俗、文化和传统的实践与研究的双领域，与男性学者有共鸣，也有矛盾和差异。今天应该把她们的问题搜集起来再做研究。

五、发现男性学者理论框架的问题

玛丽卡·玛吉除了使用考古学的方法找出史前家庭的女性民俗资料，还使用考古学的类推法和民俗学的类型法对国家、历史与女性的关系做综合研究。她第一个提出，在爱沙尼亚被殖民化和基督教化之前，存在过一个母权制社会。在这个社会中，女性优先，女性在婚礼和丧礼等各种民俗仪礼中均获尊荣。使用这批民俗资料，可以证明爱沙尼亚在遭受外来侵略前，有属于自己的独立历史，在古老的爱沙尼亚，曾存在属于爱沙尼亚人世代传承的家庭制度模式和生活方式。但在遭受外敌入侵后，在长达几个世纪的时间里，爱沙尼亚全社会都被殖民化和基督教化了，社会变迁巨大，家庭中的男、女两性主宰地位也发生了改变，家庭民俗也跟着变。学者对于这种变化，在很长时间内缺乏研究，现在再要找到爱沙尼亚古代母权制社会信息和历史依据就成了一个难题。在这种情况下，如何使用考古学的方法，继续解释国家、历史与民俗，也成为一种挑战。而缺乏研究的根本原因，还不仅在于缺少史料，而是在于男性学者后来占据了话语权，而男性学者感兴趣的话题，大都是世界上的英美国家比较流行的研究问题。男性学者所使用的英美研究方法，也成为标准化的研究方法。但是，英美理论并没有提供研究北欧国家社会制度的框架，英美研究方法也不足以解释北欧史上的妇女民俗的丰富性。男性学者套用英美理论和研究方法解释这类考古资料，已产生了视野上的偏差，造成在几百年的殖民统治中，北欧的国家、历史和民俗被掩藏在阴影中，得不到属于自己的解释。她还指出，玛格丽特·米德在《萨摩亚人的成年》和《三个原始部落的性别与气质》的写作中也遇到类似的问题，可惜米德的观点没有得到及时的讨论和广泛的运用，其实米德不乏原创的智慧，我们应该回头去翻检，做认真地反省。

在男性学者占支配地位的年代，其理论思维和概括分析的方法带来了民俗学理论上的进步，但其过度理性也让民俗学这种经验性兼理论性的二元学科受损，让差异化的民俗面临被同质化的危险，所以对男性民俗学者的这种做法应作重新评估。当今呼吁保护文化多样性，在新的时代需求中，对女性学者的学术遗产进行清理，犹未为晚。

第二节

对中国民俗学者精神遗产的综合考察

将中西民俗学放到世界环境中看，有两个问题需要注意：一是中国的国家、历史与民俗的关系是连续传承的，积累了海量的历史文献，形成了多民族、多地区的口头传统，为此需要建立符合中国国情的阐释系统；二是中国女性学者的民俗学遗产是另外一种形式的历史积累，西方民俗学对中国的影响也绝不止于女性，而是男女双方。中国女性学者的民俗学遗产是中国社会历史条件下的产物，并大都获得男性学者的支持，双方形成合力。

一、从自由阅读跨界到民俗学

早期西方女性民俗学者有通过自由阅读迷恋民俗的

过程，班恩和她的同时代女性学者正是这样。她们都不是“科班出身”，不能像男性一样接受现代大学教育。但班恩博览群书，跨越了家庭的门槛，进入了民俗学的学术天地。前面提到的其他西方女性学者也有特殊的生活史，玛格丽特·米德比班恩的出生时间要晚，本人也上了大学，但她对田野作业有浓厚的兴趣，于是她又以自己的方式，走到民众生活中，进入当地的性别群体，做细致的调查研究，并且终生不悔。

在我国，在20世纪初，女性学者与民俗遗产建设发生了联系。与班恩不同的是，这些中国女性学者不是不能上大学的。当时在中国兴起了“五四”新文化运动，发生了反侵略、反封建的历史巨变，转入了现代国家建设的进程，女性中的部分人也获得了接受高等教育的机会。著名女学者、古典文学家冯沅君，受哥哥冯友兰的影响，在1917年上大学之前，已经是饱览群书的活跃青年。进入学术领域后，她从古典文学延伸到民俗学和外国文学，成为纵横学界的多面手。另一位著名女学者、中国文学史研究专家沈祖棻，也因为家学渊源深厚，博览家藏，激发了过人的天赋。她擅长使用古典文学中的民间文学元素创作新诗。

不止于女性，在20世纪初的中国，男女优秀学者的差别没有那么大。鲁迅、周作人、顾颉刚和钟敬文等都有少年自由阅读的回忆，后来又都对民俗学做出了卓越贡献。但这些男性学者大都兴趣广泛，各有各的主业，民俗学研究只是他们的副业。钟敬文坚持终生从事民俗学研究是个例外。

二、民俗学与国学的天然联系

前面提到班恩的精神民俗论[1]，提到她的基本观点是，民俗学的研究对象是精神民俗而不是物质民俗，还提到这个观点对中国民俗学者的起步与发展都有影响，钟敬文是其中的一位。从钟敬文的著述可以看出，接受精神民俗论，是他把中国国学中的民俗部分转为独立学问的一个过程。

“民俗”一词，中国古已有之，但从前的民俗是附属

---

[1] 在国内近年出版的中译本中，将班恩译为“查·索·博尔尼”，详见［英］查·索·博尔尼（Charlortte Sophia Burne）《民俗学手册》，程德琪、贺哈定、邹明诚、乐英译，上海：上海文艺出版社，1995。

于经史子集各门类中的，没有专门的类别。在班恩的精神民俗观输入中国后（钟敬文参与了部分翻译），让中国民俗有了自我归类的可能。钟敬文使用班恩此说，清理中国民俗，并加以分类和研究，使中国民俗有了一个可以置放的独立空间，这在中国学术史上是前所未有的变化。

1. 中国民俗学界将精神民俗论作为引入西方现代科学的切入点

从国家历史进程看，20 世纪初，中国强烈地抵制西方殖民化；与此同时，中西文化激荡、促进了国学的变革。在这种背景下，钟敬文接受班恩的精神民俗观，还有更深层的目的，就是在中国进行文化改良和社会改造。他对班恩的精神民俗观与物质民俗研究的距离也很清楚，他在谈到自己的接受态度时说：

> 这一派为现代英国人类学派故事学者安德留·兰（Andrew Lang）等所创导，他们从生物进化论的观点出发，认为每个民族都经历过自己的原始时代。现在世界上许多文化上还处在这种原始时代的落后民族，就是人类历史上及现代那些号称文明民族的前身（童年时代）。

> 各民族的神话、民间故事，有许多类似的地方。其中固然有些是由于一个中心点传布开去的，但是，更多的（特别是那些本来没有什么血缘或接触过的民族中间的）是由于民族间彼此心理状态的相似。这种情况，不但表现在许多民族的神话、故事这种精神产品上，同样也表现在他们的泥碗、石兵器等物质产品上。❶

概括地说，他采用精神民俗观建设中国民俗学这门现代人文学科，是带有根本性质的改革。至于精神民俗与物质民俗的差别，与民俗学成为独立学科相比，是第二位的。民俗学有了独立的学问，跟过去不能与“经”“史”“子”“集”四大门类相提并论相比，就有了天壤之别。我们知道，现在中国民俗学已是一门现代科学。

钟敬文将这种认识引申到他的民俗学教育思想中。在他晚年主编的高等院校文科教材《民俗学概论》中，在介绍“生产民俗”的部分，在解释“农业民俗”时，共列出 7 条，包括：（1）农业耕作的时序、节令习俗；

❶ 钟敬文《中国印欧民间故事之相似》，原作于 1928 年，收入钟敬文《钟敬文民间文学论集》，下册，上海：上海文艺出版社，1985，第 240-241 页。

（2）占天象、测农事的习俗；（3）卜农事丰歉，祈福、禳灾的习俗；（4）农业禁忌、祭祀习俗；（5）祭田神、先农和社神的习俗；（6）农业生产过程习俗；（7）农业娱乐风习[1]。所列前 5 条都是精神民俗。这部《民俗学概论》在介绍"生活民俗"时也有同类倾向，以"饮食民俗"为例，共列出 5 个标题，分别是：（1）日常食俗；（2）节日食俗；（3）祭祀食俗；（4）待客食俗；（5）特殊食俗[2]。其中至少有 3 条是精神民俗，包括"节日食俗"、"祭祀食俗"和"特殊食俗"。

《民俗学概论》介绍精神民俗的方法，是使用了中国先秦社会到 20 世纪绵延三千年的历史文献，这就比较明显地展示了国家、历史与民俗之间的不间断传承关系。在这部高校教材中，也介绍了物质民俗，如谈到"农业生产过程民俗"和"日常食俗"时，对物质生产和生活民俗做了分析，不过文字不多，知识含量不丰富。

在中国，以精神民俗为主的民俗学研究有它的好处，

---

[1] 钟敬文主编《民俗学概论（第二版）》，北京：高等教育出版社，2010，第 32-39 页。

[2] 钟敬文主编《民俗学概论（第二版）》，北京：高等教育出版社，2010，第 58-66 页。

它能使民俗学的研究对象十分鲜明，与民众的分类和叙事贴得很近，学者和民众双方都能辨认。它的不足之处是影响物质民俗研究的深度。20世纪末提倡非物质文化遗产的研究与保护，民俗学者的问题就暴露出来了：在那些缺乏物质民俗研究的地方，民俗学者被其他学科研究传统手工业的学术成果所吸引，而非吸引不可就要补课。在社会语境和学科研究需求都发生变化的情况下，钟敬文晚年多次谈到物质民俗研究的必要性，他说：

> 从20年代后期起，我就不断搜读着考古学、民族志、文化人类学、原始文化史一类的著作。直到现在，我手边还存放着法国学者摩尔庚的《历史以前的人类》以及我的老师西村真次博士的《技术进化史》（他所提倡的“综合工艺学”著述的一种）等著作。关于史前人类及现代原始民族的水上住屋、树上住屋以及洞穴居处等原始住居形态和种类，我脑里大略还是留有印象的（那些书籍的记述，大都是附有图像的）。即使如此，但是应该说，它只是我杂乱的知识库里一点不占位置的东西。它始终没有成为我专业对象的重要部分。……我感悟到自己过去在民俗学的意识上和实际作业上，对民间的

> 物质文化，特别是人民生存的基本文化：民居，不够重视；而这不管从我的专业思想说，或从个人的文化观说，都不免是一种缺点。它实在有待于今后自己的补过。[1]

从这段文字可以看出，钟敬文对物质民俗的学术讨论是在他去日本留学之后，那时他接受了日本老师西村真次的物质民俗观和文化学思想，还发表过关于物质民俗、社会组织民俗的文章。不过从理论建树上说，他在这方面的思想走向，还不是转向物质民俗研究，而是依然强调精神民俗研究，特别是他从日本返回后，投入了抗日前线的战斗，更加呼吁精神民俗研究，认为重要又紧迫。

> 我们当前的战争，是反侵略的战争，是求解放的战争，是全体性的战争，是长期性的战争。因此，在战争进行的过程中，急迫地要求广大良众的政治醒觉和巨大协力。……我们的烽火不仅要焚毁身上的枷锁，而且要

---

[1] 钟敬文《中国民间漫话》，收入钟敬文《钟敬文文集 · 民俗学卷》，连树声编，合肥：安徽教育出版社，1999，第 271-272 页。

> 锻炼出人类新文化的纪念碑。我们要创造新的社会秩序，新的科学，新的艺术。这是抗战中重要任务的另一面。而这种新社会和新文化的建设是要深深地植根在我们民族的过去和现在的文化生活的基础之上的。它不能是一些从别处随意移来的花朵。[1]

他晚年总结说：

> （物质民俗）它也就是人类最基本的一种文化。像一切社会文化事物一样，……在我们国土上，只要有人的踪迹存在，就必然会有这种文化产物，尽管形态是那么复杂多样。[2]

民俗学一部分研究重点的确定，是受到民俗学学者学术兴趣影响的，但主要是由民众所参与和互动的社会运动所决定的。在战争摧毁物质文化的年代，精神民俗

---

❶ 钟敬文《民间艺术探究的新展开》，收入钟敬文《钟敬文文集·民俗学卷》，连树声编，合肥：安徽教育出版社，1999，第 302 页。

❷ 钟敬文《中国民间漫话》，收入钟敬文《钟敬文文集·民俗学卷》，连树声编，合肥：安徽教育出版社，1999，第 273 页。

研究的迫切性与社会价值远远大于物质民俗研究。在现代化和高科技伤害传统物质文化的年代，民俗学者及时地转向物质民俗，并同时建设新时期的精神民俗，这是民俗学作为人文学科的性质使然，也是我们温习前人民俗学史的收获。在这个问题上，跨文化地回顾中英民俗学史的异同，还告诉我们，民俗学的阶段性研究重点可以变化，但人文学科坚持人文精神的主旨必须始终坚持，人文精神是人文学科的生命线，包括民俗学。

2. 班恩对民俗学范畴的宽泛界定影响了钟敬文对中国民俗学范畴的划定

在班恩的带领下，英国民俗学会研究民俗学的所有范畴，包括民谣、民间故事、童话、神话、传说、传统歌曲和舞蹈、民间戏曲、民间游戏、岁时活动、年中习俗、儿童知识和儿童民俗，方言土语、谚语、格言、摇篮曲、民间医药、植物知识和气象知识。她对民俗学研究对象的宽泛范畴的划定与英国文化实际相关。在中国，钟敬文也采用了这种广义的民俗范畴观，这也与中国民俗学与国学的全方位联系有关，因此，在这个问题上，钟敬文与班恩的观点也是十分契合的。钟敬文在 20 世纪

20年代之后撰写了一批论文，讨论中国的植物知识、气象知识、民间医药、谚语和儿歌等，题目很多，范围也都很广泛，其中比较有名的论文如《中国的植物起源神话》、《关于〈孩子们的歌声〉》[1]与《我国古代民众的医药学知识——〈山海经之文化史研究〉中的一章》等[2]。钟敬文晚年回顾个人学术思想的发展历程时，仍会谈到班恩对他的影响：

> 现在学界说到民俗学，一般仍从汤姆森创用Folklore一词的活动算起。从十九世纪四十年代中期起，到现在，民俗学的历史，已经有一百五十多年了。汤氏当时所谓的民俗事象，除一些故习俗信外，就是歌谣、故事和谚语等。后来，英国民俗学会会长班恩女士所修订的《民俗学手册》(冈正雄的日译本为《民俗学概论》)，把民俗事象分为三大类，其中的口头文艺（故事、

[1] 钟敬文《中国的植物起源神话》与《关于〈孩子们的歌声〉》，收入《钟敬文民间文学论集》，下册，上海：上海文艺出版社，1985，第149-162，375-381页。

[2] 钟敬文《我国古代民众的医药学知识——〈山海经之文化史研究〉中的一章》，收入钟敬文《钟敬文文集·民俗学卷》，连树声编，合肥：安徽教育出版社，1999，第191-211页。

歌谣、谚语）即为一类。[1]

上面说过，钟敬文在早期的民俗学研究中，也不是完全不提及物质民俗，但他的目的不是研究物质民俗，而是扩大民俗学的范畴，这是他与班恩不尽一致的地方。他认为，民俗学既然包罗万象，就不应该在人文社会科学门类中充任从属学科，而应该是民俗学与人文社会科学相对应，自己成为一种整体性的学术门类。我们说过，班恩几乎最早强调民俗学的整体性研究，但她的“整体性”所指是狭义的，是针对民俗田野资料与书面文献的综合关系，以及针对民俗学与人类学和社会学的具体学科关系而言的。但钟敬文的“整体性”是广义的，是指民俗学独立于整个人文社会科学系统之外的学科建设，这在班恩的时代是无法想象的。

在对待社会人类学的态度上，钟敬文与班恩也有差别。钟敬文是包容的，班恩是警惕的。班恩与迪尔凯姆

---

[1] 此文是作者为日本民俗学家、冲绳大学小岛瓔礼教授退休纪念会撰写的专题论文，日译文发表于小岛瓔礼教授退官纪念论集刊行委员会、比较民俗学会编《比较民俗学のために——小岛瓔礼教授退官纪念论集》，高木立子译，2001，第52-64页。

是学术之友，但她不同意民俗学去做社会人类学的社会制度、社会组织和物质文化研究。她反对觊觎别人的文化。她从建设本国文化出发，把社会人类学看成是民俗学的对立物，因为她呼吁英国民俗学者对社会人类学提高警惕，钟敬文出于把民俗学建成中国未来新文化的一部分的主旨，也根据中国文化博大悠久的实际，吸收各相邻学科有益的学说与方法，他在接受班恩学说后不久，乃至在战争年代，就接受了迪尔凯姆的社会学理论，并对单纯的民间文学研究有所反思。他说：

> 在这个时期，我的思想里还有另外一种新的思想因素，那就是法国涂尔干[1]、居友的社会学的宗教论、艺术论等的影响。这种思想因素，今天看来不能说是很科学的，但是，它无疑有利于我摆脱那些不正确的文艺思想——例如认为文艺创作（包括人民的口头创作）只是个人思想感情的表现，或者把它的作用只限定在非社会的狭小圈子里。这种思想延续到四十年代前期。[2]

[1] 涂尔干，是“迪尔凯姆”的另一种译法。

[2] 钟敬文《钟敬文民间文学论集》（上），上海：上海文艺出版社，1982，《自序》第6页。

他从整体民俗学建设的角度说，也把民间文学研究纳入这个整体系统进行思考。这并没有妨碍他建立独立的民间文艺学，从他后来的学术思想发展看，反而是这种整体研究丰富了民间文艺学的研究观点与方法，有助于中国民间文艺学的独立发展。他告诫自己不要把民间文艺学的“作用只限定在非社会的狭小圈子里”，这也让我们看到，在此点上，他与班恩思想有距离。这是旧话。钟敬文到晚年已大力提倡全面的、整体的民俗学建设，但鉴于西方人对民俗学的范畴已有较为固定的界定，钟敬文把这种整体独立的民俗学称作“民俗文化学”。[1]

3. 班恩《民俗学手册》刊出印欧故事类型对钟敬文最早编制中国故事类型是一种引领

1927 年，钟敬文从班恩《民俗学手册》的《附录》中获得《印欧民间故事型式表》，遂与杨成志合作译成中文，并在中国民俗学界第一个开始编制故事类型和从事研究工作。在次年发表的文章中，他谈到：

[1] 钟敬文《民俗文化学发凡》，收入钟敬文《民俗文化学：梗概与兴起》，董晓萍编，北京：中华书局，1996，第 3-35 页。

近来读英国民俗学会出版的《民俗学概论》，附有《印欧民间故事型式表》一篇（此文经我和友人译出，收为中山大学语言历史研究所民俗学会小丛书之一，现已出版），把印度欧罗巴民族的民间故事，归纳成七十式，每式略举其情节，其间颇多和中国民间故事相似的。[1]

班恩的这种引领，对钟敬文来说，成为他建设独立的中国民间文艺学的最初框架。而这一框架不是来自芬兰，而是来自英国。

4. 班恩关于故事与文学关系的观点在中国民俗学后来的发展中产生了作用

钟敬文晚年提到班恩时还说："泰勒的《原始文化》和《人类学》、弗雷泽的《金枝》（精要）等，都是在现代民俗学史上产生过一定影响的外国书，也应该认真阅读。但这些都不是纯粹的民俗学史著作。外国的民俗学史著作，像班女士的《民俗学手册》，我们也翻译过，可是不多，以后还可以再翻译一些。如果需要，并且可能，

[1] 钟敬文《中国印欧民间故事之相似》，原作于1928年，收入钟敬文《钟敬文民间文学论集》（下），上海：上海文艺出版社，1985，第241页。

有些旧译著也可以重新翻译。”[1] 班恩关于故事与文学相联系的观点，钟敬文是接受的。钟敬文认为民俗资料可以三用，即学术研究、社会应用和文学创作。在钟敬文的一部分民俗学思想中，班恩是老师。

三、从生活史走向民俗史

什么是中国女性学者与民俗学发生联系的中国原因？

1. 从古典文学到民俗学再到跨文化

上面已谈到几位与班恩和米德同时代的中国女性学者，下面继续以她们为例做分析。

前面说到，冯沅君在上大学前，与班恩一样，从没有受过正规的大学教育，但后来她上了大学，成为古典文学界的翘楚，然后涉及民俗学。她与高亨的合著《楚辞选》，里面有对古代神话研究的精辟见解。她与丈夫

---

[1] 董晓萍整理《中国民俗史与民俗学史》（钟敬文遗作），《民俗典籍文字研究》，2003 年第 1 辑，商务印书馆，2003，第 1-17 页。

陆侃如一起留学法国，又有了跨文化的训练，她以这种雄厚的实力处理民俗资料是游刃有余的。她的戏曲研究专著《古优解》，运用法国人类学者格拉耐等的学说，分析中国典籍《国语》《左传》等史料，指出民间戏曲在政治、外交、宗教、娱乐、生产、生活中的多种功能，多有新见。[1] 她翻译法国汉学家马伯乐（H.Maspero）的著作《书经中的神话》，由顾颉刚作序，顾颉刚充分肯定了她的工作成绩：

> 这是多么不应怀疑的一部书啊！可是不幸到了我辈手里，这个好梦已不容再维持下去了，那澎湃的时代潮流鼓荡着世界，把任何有权威的偶像都冲倒了。自从康长素先生提出了“孔子改制”的一个观念，于是儒家经典的历史的权威就渐渐动摇起来。我们生在这个时代，能够用了历史学和民俗学的眼光来研究这几部古书，细细地分析，把分析的结果换了一个方式来综合，而得到一种新结论，这是我们所碰到的机会特别好，并不是我们的聪明远胜过古人。自从中国的书籍流传到西方，外

[1] 冯沅君《古优解》，北京：商务印书馆，1944，第2-9页。

> 国学者运用他们的精密的头脑、科学的方法，居然把我们的几部古书整理出一部分的头绪来。马伯乐先生就是一个以外国学者的资格来研究中国古书的人，他曾著有《中国古代史》、《中国文化的起源》、《中国汉代以前所受西方影响》等书。这部《书经中的神话》，就是他的著作中尤应介绍到中国来的。现在已由冯沅君女士把它精细译出，更经陆侃如先生把马伯乐先生的事迹写出了一个简传，使我们可以领略这位外国学者的治学精神，这是怎样值得感谢的一件事！[1]

马伯乐是法国大汉学家沙畹（Edouard Chavannes）的弟子，冯沅君的工作提供了一个来自法国汉学界的细致而微的研究个案，如顾颉刚所说，马伯乐进行“历史学和民俗学”的交叉研究，在对羲与和的神话、洪水神话、重黎绝通天地神话等中国人耳熟能详的民俗史料分析方面，“把分析的结果换了一个方式来综合，而得到一种新结论”。冯沅君通过这种工作，也把民俗学与古典文学的联系给加强了。

---

[1] ［法］马伯乐（H.Maspero）《书经中的神话》，冯沅君译，北京：国立北平研究院史学研究会，1939，顾颉刚《序》，第 1-2 页。

钟敬文与夫人陈秋帆，几乎与冯沅君夫妇同时稍晚，携手东渡日本留学。钟敬文从事中日民俗学比较研究，陈秋帆的翻译就以日本和朝鲜的民俗学和民间文学著述为主，她翻译的日本民俗学者松村武雄《山姥的手》等，成为钟敬文与松村武雄对话的基础。她不仅翻译，还有自己的研究。1932 年，她翻译日本学者中村星潮的《农村教育之根本问题》时，在中文设了“译者按”。她在按语中提出，农民文艺传承一般文艺的原始形态和要素是最文艺的东西[1]。钟敬文在日本期间发表过推介朝鲜汉学家兼民俗学家洪锡谟《东国岁时记》的论文，阐述中国魏晋时期《荆楚岁时记》对东亚国家岁时民俗研究的历史影响，陈秋帆也在这期间随之投入了这项工作，增加了对朝鲜民间文学作品的翻译。他们还合译过日本学者长泽规矩也的《中国小说在日本江户时代流行之一斑》，作者是日本东京法政大学教授，主持日本著名中国古籍图书馆之一静嘉堂的工作，是陈秋帆在日本留学时的导师。长泽规矩也在此文中指出，中国文学对日本文学影

[1] ［日］中村星潮《农民文艺的研究》，秋子译述，《民众周报》1932 年第 213、214 期，第 13-14 页。参见董晓萍《跨文化民俗志》，中国大百科全书出版社，2017。

响很大，但日本学者所做的是日本化的汉文学，对日本学术界理解中国文学产生了不利因素。青木正儿拿出了很好的研究成果，代表日本中国学的进步。长泽规矩也所推崇的青木正儿是20世纪初敦煌学兴起时的后起之秀，是日本旧汉学转向新汉学的代表性人物。钟敬文后来多次向中国读者介绍青木正儿对中国古典文学、通俗文学、诗词韵律学的研究成果。

钟敬文主张研究、翻译与文学创作并行，不过翻译是相当费时的，陈秋帆的日语极好，承担了大量的日本民俗学著述的翻译工作，成为丈夫的得力助手。应该说，在本节对女性民俗学遗产的广义界定范围内，陈秋帆也是一位女性民俗学者[1]。

2. 爱情的力量

中国女性学者治古典文学的另一名家是沈祖棻，古典文学家程千帆先生的夫人。她极为娴熟地运用民间文学素材创作古典诗词，达到了很高的境界。下面举出两

[1] 关于陈秋帆在民俗学方面的学术工作，迄今为止，还研究的不多，但已有对这方面文献的梳理工作，参见董晓萍《跨文化民俗志》，中国大百科全书出版社，2017。

首，看看她的运用技巧。

蝶恋花·塞迥洲荒何处住

塞迥洲荒何处住？南雁相逢，解道飘零苦。

目断平芜来日路，碧云四合山无数。

欲仗江鱼传尺素。愁水愁风，还恐无凭据。❶

临江仙·昨夜西风波乍急

昨夜西风波乍急，故园霜叶辞枝。琼楼消息至今疑。

不逢云外信，空绝月中梯。❷

“鱼雁传书”的故事见于《古诗十九首》，“月中梯”的故事见于《山海经》，两种历史经典都有丰富的民俗资源，沈祖棻使用它们表达了对丈夫程千帆的刻骨铭心的爱情。

班恩、米德、冯沅君、沈祖棻、陈秋帆等，无论中外，都既能研究，也擅写作。这里要多说一句文学创作，它能让学者凭借直觉和本土感保留多元文化中最宝贵的

---

❶❷ 沈祖棻《沈祖棻诗词集》，程千帆笺注，南京：江苏古籍出版社，1994，第54、55页。

东西，这种学者有时是很有特点的民俗学者。

四、对国家和人民的情感在学术研究中的作用

一些知识分子投身国家改革和历史运动，从事民俗写作与研究，与他们关心国家前途和对民众命运的良知有关。钟敬文很赞赏早期女性革命家秋瑾，她使用古代神话创作了《精卫石》，还交代了自己利用民间素材再创作的目的："吾女子中何地无女英雄及慈善家及特别之人物乎？……余也谱以弹词，写以俗语，欲使人人能解，由黑暗而登文明。逐层演出，并尽写男女社会之恶习及痛苦、耻辱，欲使读者触目惊心，爽然自失，奋然自振，以为我女界之普放光明也。"钟敬文称赞秋瑾之举"是考虑到革命迫切需要的结果，并不是偶然的行为"。[1]

中国历来有民本思想传统，重民本者必重民俗，但过去在这方面唱主角的是男性，包括官员与知识分子，像秋瑾这种女杰是凤毛麟角。五四运动以后，新女性增

[1] 钟敬文《钟敬文民间文学论集》(上)，上海：上海文艺出版社，1982，第266-267页。

多。她们走出家庭，投入公共事务，也有人从事民间文学的搜集、研究或表演工作。但这不完全是与旧传统决裂的结果，而是因为在我国关心民生、为国分忧早有群体共识，否则不会有“木兰从军”和“岳母刺字”的故事千古流传。不过在“五四”运动以后，女性开始自觉地承担社会角色，这使她们在国家与历史的关系上增加了权重。不过也由于女性熟悉家庭，所以她们在分析有关女性的民间文学文本时，会比男性更了解女性与民生的关系。对男女学者在此点上的不同，我们不妨举个例子做说明。胡适在五四时期写过分析歌谣的文章，其中有一首《蒲灵子车》，类似《看见她》，唱出“‘小姑出嫁后回娘家，受了嫂嫂的气，发泄她对于嫂嫂的怨恨’。前天承常惠君给我抄了许多同类的歌谣，很可以做比较的研究”[1]。他的话就到此为止了。另一位女学者也分析姑嫂歌谣，这样说：“这是女性哀怨的呼声。在我国长期的封建社会中，姑娘们十七八岁就被送到一个陌生的家庭。在婆家人的心目中，她们是‘娶来的媳妇买来的马，任

---

[1] 胡适《歌谣的比较研究法的一个例》，收入《胡适文存》第2集，第4册，第309-322页，引自北京师大中文系民间文学教研室编《民间文艺学参考资料》，第1集（下），第348页，内部资料，铅印本，1982。

我骑来任我打’，因此她们既要担负繁重的家务劳动，又不能有行动的自由，娘家即使近在咫尺，也是可望而不可即。…….（这种歌谣）是千百年来无数处于封建家庭牢笼中的广大劳动妇女的共同心声。”[1]对照两种讨论，可见男性学者对比较研究和形式研究有兴趣，乐于做宏观的国家形态、社会制度与家庭结构关系分析。女性学者也能看到国家与家庭的关系，但她们还能看到男性不敏感而女性敏感的问题，即婆媳关系和姑嫂关系。她们告诉我们，民间文学怎样提供了这类情节，我们怎样可以顺着这些线索了解国家与民生的另一层关系，而这层关系又能帮助人们深入认识中国血缘家庭社会的特征，所以说，女性学者同情女性，这种女性情感对研究家庭民间文学是必不可少的。

20 世纪 40 年代，在世界反法西斯洪流中，我国人民取得了抗日战争的伟大胜利。在战火纷飞的年代，在延安红色根据地，培养了一批革命文艺工作者。他们搜集民间文学作品，开展社会动员，促进全国统一战线的建

---

[1] 屈育德《神话·传说·民俗》，北京：中国文联出版公司，1988，第 174 页。

设。在这种环境中搜集和整理的民间作品，成为知识分子与民众开展思想交流的手段，也成为中国共产党联系群众的一种工作作风。江源与董均伦正是从这批文艺工作者中走出的一对伉俪。新中国成立初期，继续传承延安文艺新传统，女性民俗学者李星华加入了云南民间文学调查组。她奔赴滇西，向边疆群众搜集传统故事，她在工作中了解到尊重多民族多地区文化传统的重要性[1]。20 世纪 60 年代，女性民俗学者郎樱从中央民族大学毕业，此后，她把毕生的精力都放到对西北柯尔克孜英雄史诗《玛纳斯》的搜集与研究中[2]。20 世纪 70 年代，一批艺术学者来到敦煌，考察和研究敦煌壁画中的舞蹈绘画。女性学者董锡玖从敦煌壁画中发现了诸多民俗，她写道：在第 217 窟西壁下，有“折柳场面”，这类石窟艺术品展现了“表现人间社会生活、风俗习尚的乐舞场面和舞蹈形象”，留下了历史艺术画卷。李承仙和常书鸿列

---

❶ 董均伦、江源《搜集整理民间故事的一些体会》，李星华《搜集民间故事的几点体会》，原载中国民间文艺研究会研究部编《民间文学参考资料》，第二辑，内部资料，铅印本，1980，第 157，160-161，179，181 页。

❷ 郎樱研究《玛纳斯》的代表作，例如：郎樱《中国少数民族英雄史诗〈玛纳斯〉》，杭州：浙江教育出版社，1995。郎樱《玛纳斯论》，呼和浩特：内蒙古大学出版社，1999。

举了第285窟的多位女神和男神，如“伏羲、女娲、日天、月天”[1]，指出中印佛教文化和石雕艺术交流的影响。这批艺术学者在考察结束后，还与甘肃舞蹈艺术家合作，创作了大型敦煌舞剧《丝路花雨》，再现“一带一路”历史文化的辉煌。季羡林先生曾撰文高度评价他们的工作，文章的题目就叫《敦煌舞发展前途无量》[2]。

20世纪80年代初，钟敬文主编的《民间文学概论》出版，作者团队中有好几位女将，屈育德承担了其中有关神话传说部分的写作。她在书中解释《山海经》的“羲和浴日”神话，我读大学时念过，当时就印象很深，知道原来神话学教材可以这样写。我将这段话抄在下面。

（羲和浴日）旭日初升时，光华灿烂，人们又因此想象它每天早晨在咸池洗澡后才出发登程，就像人们洗了

[1] 董锡玖《敦煌壁画中的舞蹈艺术》，常书鸿、李承仙《敦煌飞天》，原载董锡玖编《敦煌舞蹈》，乌鲁木齐：新疆美术摄影出版社，新西兰：霍兰德出版有限公司，1992，第7，62页。

[2] 季羡林《敦煌舞发展前途无量》，原载董锡玖编《敦煌舞蹈》，乌鲁木齐：新疆美术摄影出版社，新西兰：霍兰德出版有限公司，1992，第147-149页。

澡就皮肤鲜亮光洁一样。❶

故事与古代思维有关，又能流传至今，所以能用来做超时代、超文化的研究。一般说来，现代民俗学者只要找到历史文本与现代文本对应的形式，就能知道古人是怎么想问题的。但是，在这段文字中，女民俗学者没有采用这种方法。她将故事思维与人体体验结合起来进行思考，对故事的解释就可以转换为现代思想的表述了。为什么会这样，因为有女学者有照顾婴儿的独特经历。前面提到的英国女民俗学会会长欧娜·奥派就研究儿童民俗，这也与她的女性经历有关。这一类的分析，使用女性学者的人生体验，或者使用近距离的田野资料，能引导学者接近本地人和本民族人维护民俗的自我意识，将那些属于不同于学者出身的社会文化中的他者社会文化中的人们，引入学者自我社会文化和精神空间之中，成为可研究的对象。在20世纪的不同时期、不同区域，这些民俗学工作的完成，都是新国家文化建设和创新维

❶ 屈育德《第八章 神话和民间传说》，原载钟敬文主编《民间文学概论》（第二版），北京：高等教育出版社，2010，第133页。收入屈育德《神话·传说·民俗》，北京：中国文联出版公司，1988，第34页。

护历史文明的组成部分。

自 20 世纪初至中期，中国女性接受高等教育者颇有一批，但与男性相比，还是男性居多，这背后是中国的社会历史与文化传统。屈育德也指出这个问题，但她能从中国史料中，发掘中国民俗保留女性才华的特点，下面是她的一段分析。

> （中国民间文学和中国民俗）密切地关联着整个文化领域，表现出一个民族在文化创造中的需求和才能。中国的社会风气长期重男轻女，然而民间却流传着多种形式的巧女故事，热情颂扬女主人公过人的智慧和胆识，这就更为深刻地反映了中国文化的复杂和丰富，非蜻蜓点水式的“文化皮相”所能够解释。❶

巧女故事是封建社会中劳动人民的杰作，早在脍炙人口的汉乐府《陌上桑》和北朝乐府《木兰辞》中，就已经透露了人民赞颂女儿的消息。封建社会的文人著作记载的

---

❶ 屈育德《神话·传说·民俗》，北京：中国文联出版公司，1988，第 305 页。

民间巧女故事只是一鳞半爪，但是这些蛛丝马迹却提供了这类故事早有产生流传的确凿消息。“五四”以后，我国涌现出一些致力于民间文学的搜集、出版和研究的学者，在他们的努力下，民间长期流传的巧女故事陆续见诸文字。在20世纪30年代后期中山大学民俗学会主办的《民俗周刊》上，就先后刊出了《解难题》《伶俐媳妇的故事》《一句话难倒了秀才》等巧女故事。中华人民共和国成立后，这类故事的搜集成果更为丰硕，从中可以看见，它们不仅在广大汉族地区为人民群众所喜闻乐见，而且在各少数民族地区也各有自己的“巧女”。❶

钟敬文曾为屈育德的著作作序，两人之间，钟敬文是导师，屈育德是弟子，钟敬文对屈育德的要求是：“要敢于超越。所谓超越，不但是对于前人的（当然，要正确地承认前人在他们的历史条件下所取得的真正成果），同时也是对于自己。”❷屈育德在这篇文章中则指出，钟敬文早年参与主办的《民俗周刊》已发表过巧女故事的

❶ 屈育德《论巧女故事》，收入屈育德《神话·传说·民俗》，北京：中国文联出版公司，1988，第149-150页。

❷ 屈育德《神话·传说·民俗》，北京：中国文联出版公司，1988，钟敬文《代序》第1页。

作品，前人已有开辟。当然她也有自己的新主见。她提出，中国的巧女故事不是单一体裁，而是与谚语、谜语等体裁和男女对话的形式掺在一起，有时并不分割❶。这与前面提到的芬兰女学者丽莎的结论，两人都是独立分析的结果，但屈育德要早半个多世纪。江源和董均伦谈过在搜集故事时看到谚语与故事混合的现象，但没有进行学术分析❷。从总体上说，中国男女学者在很多层面上都是合作的。合作的关系是广义的，包括夫妇、同行和师生。合作者可以在理论上存在分歧，但绝不是打击和炮轰，他们的合作前后继承，让民俗学接续发展。

五、翻译全球化与文化的不可译

在当今世界，民俗读物和民俗学著作的英文翻译都遇到翻译全球化的问题。英语已成为全球性的工具语言，

---

❶ 屈育德《神话·传说·民俗》，北京：中国文联出版公司，1988，第162-163页。

❷ 董均伦、江源《搜集整理民间故事的一些体会》，李星华《搜集民间故事的几点体会》，原载中国民间文艺研究会研究部编《民间文学参考资料》，第二辑，内部资料，铅印本，1980，第161页。

加上国际会议和因特网的推动，这个问题更加明显。而在被翻译者和翻译者中，都有相当一批是女性。班恩与米德都是被翻译者中的受益者，她们本人也是使用英语母语去写作多元文化的学者，其著作至今依靠英语一印再印。但是，非英语国家和非英语母语学者的情况怎样呢？不容否认，对各国学者来说，通过英文翻译，将本国的民俗作品和研究成果推广到更广泛的世界受众之中，这是很重要的，这种翻译工作的目标是国家化的，也是国际化的。以欧洲故事为例，一些国家的故事文本可能在欧洲其他国家发现，也可能涉及整个欧洲传统，还可能在欧洲以外的别国被发现，而其翻译和出版资源的管理规则，都是国际化的，国际化又借助民俗的文化多样性蓬勃发展，主宰风潮。

但是，民俗是多元文化种类，多元文化的本质又是不可译的，翻译全球化将差异化的民俗放到“全球化”的一个盘子上称重，使携带文化多样性的民俗特征被一支支译笔消解，这也迫使民俗学者提出新问题。

当然男女学者都可以从事翻译工作，但女性学者的翻译与男性有何不同？仅就民俗学著作而言，女性学者的翻译是否能够等同于她们的研究？固然女性学者的研究有情感化和人性化的特点，这能帮助她们发现多元文化因素，并指出国家文化中的民俗的存在方式，然而，这与翻译是一回事吗？在翻译领域内，研究保护文化多样性的途径，也许不在于考量性别的差异，而是要考量跨文化的视角和知识结构？目前这种研究成果还很少见，但它会是一个问题。

结　论

在全球化的背景下讨论国家、历史与民俗的关系，其重要性在于，民俗的存在有揭示国家历史的多样性和多元化理念对研究人类文化的作用。在当代民俗学的建设中，民俗民间文学的搜集和研究，能对那些拥有地理和文化上的包容性区域起保护作用，而在多元文化混合的地带，往往有这方面的历史传统和社会基础。在我国的西北、西南和东北多民族聚居区，将三者并行传承是历史，也是现实。

民间文学的魅力在于它拥有文学和文化两者的创造力。从“体裁”的角度说，故事又介于以下两者之间：

一方面，它既是形式，也是内容；另一方面，一部完整的文学作品，乃至科幻小说，在文学叙事上，要大量依赖故事，用来解决叙事的细密性和连续性问题。开展故事、文学与科幻小说的交叉研究，能吸引跨学科的学者和作家聚拢在一起，共同讨论故事、文学和科幻小说。但是，文学创作不一定都有鲜明的民俗特征，科幻小说也未必都有故事母题和民俗。故事、文学作品和科幻小说三者可以是独立的“流派”，也会有不和谐的地方，还可能各自保留其他的文化形式。

第二章

学术史与概念史的研究

对国家、历史、民俗专题研究，要深入，要延展，都离不开两个层面：学术史与概念史。也许有人要问：其他学科或研究分支的研究不是也要做学术史和概念史吗？回答是肯定的。肯定，即有相似处，相似的东西就不展开去说了。但也是否定的，否定，即有差异，这是本章要讲的重点。在跨文化的视野下看，学术史也是多元的，同一个研究领域，彼国的学术史，与此国的学术史，会有很多不同。大家都受到社会历史条件、学科发展程度和对人类社会阅历的制约，在不同阶段、不同语境、不同学术背景和不同方法的研究中，产生有不同的“史”的形态，在学术史分期、历史人物、历史事件和历史代表作等界定上，做出多元化的描述和评价。对不同形态的学术史加以梳理，了解它的历程，吸取它的经验，找出新的研究问题，这就是新收获。

概念史也是多元的，很多貌似相同的概念，基于不同文化传统、不同语言体系、不同方法论工具和不同时空条件下的研究，会有不同的理解和关注重点。从概念史切入研究，还涉及现代人文科学研究范式的变化。我们发现，很多人文思潮、文学革命乃至社会运动的变化，都与概念的变化相关。一个概念的转变，有时还能引发深刻的方法论革命。对不同的概念史加以梳理，考察概念的语汇运用、变迁、歧义和共享点，总结出规律性的东西，这也是新收获。

对国家、历史、民俗的专题研究，比起以往的同类研究，它的新意在于，加强平行研究，而不做随意比较；关注可以共享的学术史和概念史的问题，而不为谁是头、谁是尾做无休止的纷争。我们的目的是增加文化间和学术间的了解、欣赏与尊重，同时也帮助我们的研究走向精细和深入。

第一节

学术史的研究

——班恩个案

在本节中，我们所选择的学术史研究个案，是19世纪和20世纪横跨两个世纪的英国民俗学会主席班恩。本节所使用的5篇文章，全部由作者译出，放在这里，作为个案研究资料。

班恩是一位杰出的知识女性。她有广博的民俗学知识和高产的学术著作，生前备受尊敬和爱戴。她全身心地投入英国民俗学事业，终生未婚，奠定了英国民俗学的社会地位。但她身后被众多的男性学者掩盖了光辉，还添加了争议，连她的生平资料都很难找到，这是十分遗憾的。但是，在近年多元文化研究思潮兴起后，班恩又回到了人们的视野，成为热点，围绕她的重要资料也被陆续发掘出来，构成了可资研究的个案储备。本节提供的正是这一储备中的重点文献。它们的特点有二：一是原英文作者全部由熟悉班恩生平事业的代表性学者和班恩原供职机构内的学者组成，他们是：曾与班恩在英国民俗学会共事，并合作编辑《民俗学手册》修订版的著名学者E.S.哈特兰德（E.S.Hartland），班恩曾编辑英国民俗学会的学术杂志《民俗》的现任编辑、学科史学者戈登·阿什曼（Gordon Ashman）和吉立安·班纳特（Gillian Bennett），协助保存查找和发掘班恩的家庭保存资料，并在班恩生前听她口述其《萨罗普民俗》的外甥约翰，约翰·班恩（John C. Burne）医生。他们的文章能够较为全面、深入地反映班恩生平学术和社会活动各个重要侧面，大为弥补班恩资料长期缺失和阐释失衡的不足。二是将班恩著述中对中国民俗学影响较大的精神民俗观代表作《民俗分类》译出，作者也对此做了初步的研究，因为班恩对中国现代民俗学史研究十分重要，所以我们也希望能增加这方面的讨论。

班恩（Charlotte Sophia Burne）
（原载英国民俗学《民俗》1923 年第 34 卷第 1 期）

晚年班恩

一、班恩生平著作研究

［英］戈登·阿什曼（Gordon Ashman） 撰
［英］吉立安·班纳特（Gillian Bennett） 撰
董晓萍 译

夏洛特·索菲娅·班恩（Charlotte Sophia Burne，1850-1923），英国民俗学会首位女主席，曾为英国民俗学工作了50年。她从事研究的时代正是英国学术界重视搜集民俗资料的时代，她以编著《萨普罗民俗》一举成名，成为当时独一无二的地方民俗搜集家。她主持修订了英国民俗学会学术指南用书《民俗学手册》第二版，在书中撰写了民俗学论文、评论和注释多达70余页，这使这本书获得了广泛的影响。她也是英国民俗学会主办的学术杂志《民俗》的第一位女编辑，并为该杂志长年供稿，直到生前最后两年还在此发表文章，是英国民俗学学术期刊建设的开拓者。她在英国民俗学会的工作独树一帜，创立了由英国民俗学会主办国际会议等对外交流方式。她学识渊博，研究精专，又才华过人，在英国民俗学以外的文学、诗歌等多领域也颇有建树，是一位伟大的学者。她乐于奉献，在英国民俗学会理事会的工作量相当大，但受到同事们的尊敬和爱戴。在那个男性学者总想让个人影响超过女性学者和超过学术社团影响的传统观念流行的时代，她的知名度与她的实际贡献相比，并不匹配，而她的成就也不应被埋没。

本节共分两部分，第一部分，介绍班恩的生平著作[1]；第二部分，介绍她的主要著述[2]。以下是对第一部分的讨论。

本部分主要参考了道森（Richard Dorson）所写的英国民俗学者史中有关班恩的内容（Dorson，1968），不无遗憾的是，道森此文是出自个人印象的，评价不准确（Bronner，1981），资料也比较零散。其次，我们使用了班恩的外甥，病理学医生约翰·班恩（J. C. Burne）撰写的班恩早年生活传记（1975），但这份传记也有瑕疵。它是在班恩亲属一般认为“她的笔记和信件没有留下什么线索”（O. C. Burne 1975，173）的情况下写的，后来作者又获得了新资料，进行了较多的补充和修正，我们

[1] Gordon Ashman & Gillian Bennett, *Part 1: A Life and Appreciation*, in Folklore, Vol. 111, No. 1, London: Taylor & Francis, Ltd. (Apr., 2000), pp. 1-21.

[2] 关于英文原作者对班恩著述的介绍，见本节之五：班恩的初步书目。

把补充的内容放到本文的“附记”中。[1] 再次，使用了本文作者之一戈登·阿什曼的论文，这是他多年前曾发表在一份发刊非正式杂志上的文章，对班恩生平有简要的介绍和评述（Ashman，1986），这是本文的基础。本节使用的其他资料有：班恩的家庭文件，包括往来信件和日记，这些资料也有错记和漏记的地方，比如，从中似可看出，班恩姐妹生前有结怨，妹妹阿丽丝不赞成姐姐参加民俗学会的活动，或者对姐姐的成功很嫉妒，在日记中有不少过激的言论。班恩辞世后，负责清理班恩故居的也是阿丽丝。约翰·班恩医生是她的儿子，他说：“班恩的论文好像都没有留下来，阿丽丝认为它们毫无用处，留着就是累赘，没人会感兴趣，她就都处理掉了。阿丽丝的为人处事就是这样。”还有其他家庭成员的资料。不过这个家庭的后代都对班恩抱有崇敬爱慕之心，他们受到班恩思想的感染，还都参加了一些民俗学活动。R.V.H. 班恩（R. V. H. Burne）有一本未出版的家族史，里面记了这样一件事：班恩的一个外甥理查

---

[1] 关于班恩后代对班恩早年生活传记的补充和修正资料，参见本节之二：班恩及其代表作《萨罗普民俗》，另见本节的附记部分所做的更正说明。

德（Richard），曾在当地的《洛因顿时报》（*The Loynton Times*）上发表了一枚纹章设计图，还有诗配画，献给心中的姨妈班恩，诗中写道：

> 一位女编辑，奔走四方。
> 六封急信，没有地址，正待寄出，
> 放在一块铜板上。
> 花园的摇椅，胶片，副主席。
> 疲惫的双腿，穿过田野。
> 年迈的妇人，不知疲倦。
> 反对派、抗议派，
> 故事学被质疑，被吞没。
> ……

令人难以置信的是，班恩众多的外甥和外甥女们都不想要他们姨妈的资料，或者说英国民俗学会根本就没打算保留它们，或者仅仅是因为姐妹失合，班恩的资料就会丢失，这类推测都是不大可能的。当然，在我们计划写论文时，能找到的班恩资料的确不多，很难构建出令人满意的班恩研究框架，但我们还是尽一切可能地开展工作。我们查阅了英国民俗学会的档案，发现了班恩与过姆（George Laurence Gomme）及其夫人爱丽丝·比达·过姆（Alice Bertha Gomme）的通信，找到了英国民俗学会当时出版的一些小丛书，还对部分当事人和他们的后代作了访谈。我们把所有零散资料汇集到一起，对资料来源和搜集方法加以说明（Ashman 1986，15-17），然后再做研究。

本节的研究方法是，从现有材料的实际出发，按照编年的轨迹，分成三阶段撰写。第一阶段，使用班恩的家庭文献，描述她 20 岁之前的生活、学习和研究状况。第二阶段，使用她在家乡萨罗普地区的田野作业资料做描述，自 1870 年左右起，至 1886 年《萨罗普民俗》全部出齐止，后面有 10 至 12 年的停歇，没有多少田野作业，发表文章也很少，与此前活跃开展民俗学活动十分不同。班恩于 1887 年加入英国民俗学会理事会，但最初也只是偶尔参加民俗学会的活动。第三阶段，自 20 世纪初开始至逝世。在这一阶段，她被选举为英国民俗学会主席，承担了大量的学会工作，出席各种官方活动，直至 73 岁生日前，她才停止工作。

早年岁月

班恩的母亲叫夏洛特，父亲叫萨姆博鲁克，夫妇两人育有六个子女，班恩是长女。父亲继承了萨罗普郡的1500亩家族地产，过着富有的生活。但父亲与祖父的关系不好，到班恩快出生的时候，父母已无家可归。他们去向斯塔福德郡的莫雷顿维查拉奇（MoretonVicarage）长官求助。这位长官就是她父亲的弟弟，班恩的叔叔雷德·汤姆·班恩（Revd Tom Burne），叔叔就把他们安顿到自己家里去住，第二天班恩出生。

班恩的父亲是个不务正业的人，整天打枪、狩猎、钓鱼、饮酒无度。到了1854年，雷德·汤姆·班恩叔叔已受够了这位兄长的放荡不羁，大概也得到了班恩祖父的默许，不再收留他们，他们只好在夏摩西尔另找房子。新家位于萨罗普郡的埃德蒙德一带（O. C. Burne，1975，167），当年班恩7岁。父亲先后两次打猎摔伤，从高山上坠落，伤势很重。他的小女儿在给哥哥理查德的信中，写了父亲第二次出事的情景：

他穿过几条铁路，进入狩猎小道，攀上高高的山崖，从山上摔了下来。两个人架着他，找到附近的一个农舍，把他抬进去，为他止血。他已人事不省，昏迷了大约二、三个小时才苏醒过来。他脾气暴躁，想要做什么就非做不可，四头牛也拉不住，就像疯子一样。

他越来越“暴躁和古怪”，人们怀疑他得了“脑血管软化”症。过了几年，他死了，这个家庭才安静下来。在接下来的许多年里，班恩和其他孩子都被分送到不同的亲戚家里去住，以缓解孩子们的母亲的压力。1859年，班恩搬到爷爷和奶奶家，跟老人同住。她得了支气管炎和胸膜炎，又传染给了奶奶，奶奶去世了（O. C.Burne，1975，111）。以后，班恩和另外两个大孩子又被送到德文郡的学校读书（U.C. Burne 1975，115），那是他们的父亲在萨罗普郡继承家产的地方，那里的房子已交给八个姨妈居住，她们几乎都是老处女，没有结婚，有几位还很难相处，但这些并没有妨碍孩子们的成长。索菲娅姨妈在1862年的日记里写道：“我们管教得很严，孩子们也能树立好习惯，他们在一起聊天，做自己认为重要的事情。”4年后，班恩16岁，在另一位老处女姨妈的日记中发现，她的姨妈拉舍尔带着班恩母女去了教堂，我们无从得知少女班恩如何耐住性子听两位上了年纪的女人谈话，幸好她们在街上遇上了古德先生，古德先生带着班恩的母亲和姨妈先走了让班恩轻松下来。

从班恩的家庭文件看，她患有“心脏病”，后来恢复了（R. V. H. Burne，130）。约翰·班恩认为班恩的病可能是由风湿热引起的。

班恩自幼聪颖过人，但又一直体弱多病，晚年又过于发胖，行动不便。她本人似乎并不介意这些，她总是精力旺盛地工作，充满智慧地写作。如道森所说，她是“一位热心的、忙碌的”女性（Dorson，1968，281）。她出于对历史和古物的兴趣进入民俗学，这要得益于她母亲的精心培养。她的父母都出身于有教养的家庭，非常重视子女教育。在父亲去世后，母亲对班恩的影响是终生的。母亲生前的大部分时间都与班恩住在一起，对班恩所表现出来的强烈的历史意识和浓厚的民俗兴趣总是给予鼓励，放手让她去发展。1871 年，在母亲的引荐下，班恩家的一位世交，知名学者西哲（E. J. Sage）与班恩见面，教她编辑了米尔德家族的《家谱备忘录》。班恩用手写体在笔记本上记录了学习的过程，最后变成一本书，叫《备忘录》，这是她存世不多的手稿之一。不久，也是由于家庭的社会关系，她认识了学者桥斯塔特（Revd A. B. Grosart），他指导班恩学习和编纂诗集，不久，班恩完成了对诗人理查德·巴恩菲尔德（Richard Barnfield）全集的编辑（1876）。从那时起，班恩已完全沉浸在读书和对经典著作的校阅中，她可以详细地指出伊顿（R. W. Eyton）《末日研究》中的错误，对之进行精细的校勘。她的工作十分出色，被当地报纸报道。作者还通过报刊向她公开致谢，并专门为此写了一篇评论，于1881年发表（C. S. Burne，1975）。作者还在此书的定稿中使用了她的校对成果。

在那段时间里，她认识了女学者乔治娜·杰克逊（Georgina Jackson）。班恩当时在为田野俱乐部的《塞文谷自然主义者》做地方民俗注释工作，1872年，她的工作成果被送到女学者乔治娜·杰克逊面前，从此两位女性成了好朋友。乔治娜·杰克逊自1870年起就在编写《萨罗普词典》，历时近10年，至1879年结束。萨罗普是班恩的家乡，乔治娜·杰克逊对此书的分类，吸收了班恩的民俗分类观点，还使用了班恩对家乡方言的田野调查资料。乔治娜·杰克逊病重后，已无法做方言调查，研究计划中还有未完成的部分也已无力完成，她就决定把未写完的手稿留给班恩。她告诉班恩应该怎样安排资料，还就研究方法做了具体的指导。事实证明，乔治娜·杰克逊对班恩的信任和托付是正确的，班恩为此书扩充了大量新资料，按计划将之出版，不负所托。班恩自己也写完了《萨罗普民俗：一种搜集资料集》（*Shropshire Folk-Lore: A Sheaf of Gleanings*），六卷本，并陆续出版。这是她的第一部代表作。此后，她陆续发表了一批民俗学评论和研究论文，还出版其他文学书籍，包括翻译德国喜剧的译作（1872）。

她在这期间加入了女友会。这是一个隶属于英国圣公会的组织。专为职场女性和女仆建立社会网络关系，避免她们受到不正当的“诱惑”（McBride，1976；Dyhouse，1981）。1884年至1891年，班恩在该会的刊物《友好的工作、友好的家务、女友会杂志》上发表了一批文章（see Simms 1894 for details）。这些工作都扩人了她的社会影响，增加了她的学术积累。

多年的民俗搜集工作

班恩的弟弟，比她小三岁，到了法定继承年龄后，像父亲一样，继承了家族的家业。几位老处女姨妈搬走了，迁至奥尔布莱顿附近生活。班恩的母亲和其他子女都随之分得了家产。两年后，弟弟结婚成家，班恩和其他子女再次搬出，迁居他处。在这期间，班恩的个人资料有所遗失。

我们现在无从判断，班恩究竟是哪一年成为一位职业民俗搜集者的。哈特兰德（E. Sidney Hartland）认为："她在英国民俗学会成立之前，就已经在萨罗普郡搜集民俗，开启了个人的学术生涯。"按这个说法计算，她正式从事民俗学工作的时间应从 1878 年之前算起。她于 1872 年为田野俱乐部撰写的民俗注释手稿也是一种民俗搜集成果，但那种成果可能具有广义的历史地理特征，就像她早年的出版物一样。至于她何时开始做这类工作？这种成果的延展性有多大？已不好判断。不过，一份原载于《萨罗普民俗》中的参考资料颇耐人寻味，题目是《注释与查询》，班恩写道："在他者中间调查，我有两个好助手。"这句话也许是一个线索，能说明她的民俗调查是有计划的，也有她的调查方法。

从其他资料能看出，在还是 13 岁的小女孩时，班恩已经在对伊尔夫龙五一节的民俗做调查记录（Ashman

1986，6）。她还做过耶稣蒙难日烤面包习俗的调查，并写过文章。

说到专业化的民俗学工作，她从完成乔治娜·杰克逊的著作后就开始了。我们不知道准确的时间，但这是可能的。班恩是在1875年遇到乔治娜·杰克逊的，这次相遇起于事务性的见面，却引来一个重大的结果（R. V. H. Burne，157）。班恩当时搜集民俗资料的目标是编辑《萨罗普民俗》（1879年出版）。与此相关的是，她在1890年的一篇论文中的注释提到，与该书相关的搜集工作“大约从十年前就开始了”（Burne 1890），这就告诉我们，如果非要推算时间不可，可以回想一下，班恩与乔治娜·杰克逊之间交接工作的时间是1877年夏秋之交，乔治娜·杰克逊本人在《萨罗普词典》中写道，正是那年的夏天，她病倒了，“不得不放弃所有的调查，结束令人筋疲力尽的旅程”（Jackson 1879，xi）。这句话与班恩在《萨罗普民俗》中的说明是能对证的，班恩也说，当时她意识到自己必须把工作交出去，在“病情加重后，杰克逊小姐担心自己半途而废”（Burne，1883），这样看来，至少是1880年，这项工作已经全部或基本上是由班恩在做。

不管怎样，我们都可以认为，班恩对历史古物和民俗学有浓厚的学术兴趣。她在十几、二十岁出头的时候，就已经掌握了编辑技能；至少在 29 岁之前，已是方法熟练、经验丰富的民俗学搜集者，而且至少到 1886 年为止，她都一直在做大量的民俗搜集工作，那年她 36 岁；其中，她在萨罗普郡开展的民俗搜集工作，少则 7 年，多则 15 年。

《萨罗普民俗》一经出版，就在民俗圈中产生了很大的反响。一位匿名评审人在《萨罗普民俗》杂志上发表文章说，“它的第一部分是非常有用的地方民俗搜集资料，它的搜集方法和编纂方式应该成为一种民俗学的范式，即便不作范式，也是极好的县郡级搜集本”（Anon.，1886）。在最后一卷出版后，他又发表文章说，“这是迄今为止我们所能看到的最好的英国民俗搜集本”。班恩的同事哈特兰德认为，这是他所能看到的县郡级民俗出版物中最全面、最科学的范本（Hartland，1923）。对凯瑟琳 · 布里格斯（Katharine Briggs）来说，哈特兰德的观点是一种支持，布里格斯也说：“此书可能是我们现在能看的最好的，也是最重要的县郡级民俗学著作。”（Briggs，1978）

《萨罗普民俗》是一本相当厚重的民俗学著作，共663页，覆盖了各种民俗体裁，包括口头民俗、故事、民歌与歌谣、谚语和地方格言和儿童游戏（唯一不足是缺少时间标注）。

本书的一个特点是，所提供的资料，从个人观察到群体性的口头资源，都有当代信息。对搜集过程和信息提供者，都交代了上下文。对搜集现场资料，包括现场场景、工作感受、个人理解，协助调查的助手赠送礼物，都有描述，如班恩曾在一篇长论文中写道："当地的老人，只请他们讲过去的生活，而不是现在的什么问题，他们个个都是出色的助手。"（Burne，1890）

本书的另一特点是处理传统的超自然信仰的方法，主要是民俗分类法。班恩是熟悉故事和了解讲故事的方法的人。她知道，在他者的民俗中，在大多数场合，所能告诉搜集者的，都是传统的超自然民俗。在他者中间，这种超自然信仰被看作是一个故事，未必真实发生，没有提供什么特殊意义，但他们喜欢讲，并且相信。一般情况下，在一个地区中，所搜集到的超自然信仰民俗事象的数量，比不上本地闹鬼故事的数量，但这些传统故事是混合在一起流传的。在《萨罗普民俗》一书中，班恩呈现给读者的东西，与散落在民间的资料已大为不同：那是一个整体系统，任何故事和信仰都是这个系统的一部分。以讲闹鬼故事为例，萨罗普人通常使用四种类型表达，他们说，“看见某某东西了”，或者“被某某吓了一跳”，或者“某人又来了”，或者“最糟糕的事又来了”。班恩对这些貌似平常的表述做了分类，指出，从民俗分类上说，有以下几种情况：

“看见某某东西了”，通常指动物变成鬼，或者人变动物，以及各种非人类的现象，可能是小马、公牛、无头猪、红眼狗，或者用当地方言说是别的某种动物，让人害怕。

“被某某吓了一跳”，一般发生在无头鬼或各种鬼行踪不定的地方，如擦不掉的血迹，超自然的咒语等，都是一些原因不明的、无明显目的地担惊受怕，或者是对被掩盖的罪恶的超自然记录方式，让人受到惊吓。

“某人又来了”，指邪恶者的鬼魂到处游荡，造成惊恐。

“最糟糕的事又来了”，指特别可怕或执意作恶的事，引起人们的恐怖。

这四种分类，从当地人的日常生活与实际应用的行为方式中提取出来，是当地人自己用来形容闹鬼的手法。

他们借助这种故事，让别人认识到，正是在这种叙事方式中，有当地传统的超自然信仰的秩序和系统。就像班恩所分析的那样，萨罗普的闹鬼信仰从无目的到有目的，从最初的吓一跳，到害怕，到惊吓、惊恐和恐怖，有清楚的层级分布。在民俗学者搜集的其他地区民俗中也有类似的资料，但都被看作是不分类故事，乱七八糟地堆在一起，没有头绪，缺乏整理。在 19 世纪其他国家民俗学者编纂的故事传说摘要中，也能找到大体相同的资料，但也被归为“未分类故事”。可以肯定地说，在 1860 至 1890 年的时间段里，各国、各地区、各类民俗搜集资料都很简单，对超自然信仰的介绍也很贫乏，都是只列出“鬼”的分类而已，其他处理方法都大同小异，只是细节不同。相比之下，班恩的《萨罗普民俗》的出现，让人眼前一亮。这种民俗学著作非常有意思，本身就有很高的价值，还能帮助其他民俗学搜集者提高工作水平。从观点和方法上说，这本书为如何处理民俗信仰资料带来了启示，可以将之纳入民俗哲学体系，而不是当做杂乱无章的叙事。这本书还为 19 世纪其他体裁的传统资料内涵的发掘指出了方向。

班恩创造的民俗搜集方法引起了热烈的学术讨论，

例如，关于如何看待田野现场的搜集者，她说：

> 一个好的搜集者，其重要的品质，就是观察力、好奇心、迅速的同情心、赠送礼物以获得信任，具备与未受过教育的民众进行简单友好的交往的习惯。实际上，搜集者的命运正是在民众中间打造的（Burne，1886a）。

关于田野作业的技术与评估，她有两篇专门论文，一篇的题目是《民俗搜集》（1890），另一篇的题目是《英国民俗搜集》（1902），这是与 8 位搜集者的对话。两者都很有针对性。她在《民俗搜集》中提出：

> “最好”的搜集工作，一般说，都是在“偶然”情况下进行的，是在搜集者与民众共同生活中展开的。但是，搜集者很难依靠这种方式完成一项完整的搜集工作，即便搜集地点的范围很有限，也无法掌握工作时间，因此，深思熟虑的探寻是必要的，事先的计划性是必须的，搜集的系统安排是必备的。对青年学生来说，他们具有“爱人民”的情怀，他们同时也觉得田野作业很好玩，能让他在某个国家假日里出行，充满了娱乐的体验和享受感，但这

个任务实际上是非常艰巨的。（Burne 1890，326）

她在这篇文章的阐述中，所提到的田野作业的环境条件，至今变化不大；她的一些学习建议，对现在的初学者来说，仍是十分受用的。例如，所谓“未受过教育的民众”，未必是最可靠的联络人或信息提供者，他们经常会否定自己日常实践的知识，把传统民俗信仰称为“迷信”。所谓“最好”的搜集条件，在最开始的时候，也许是把搜集者领进教堂，再把他们拽进“牢房”。

她在第二篇文章《英国民俗搜集》中，在写道搜集地方民俗的过程时，她说，那些“老住户一旦与你建立了友好关系后，会很愿意跟你谈民俗事象”，你就“会相信他们的话”。他们在回忆个人冒险经历时，未免夸张，但他们从不骗人，除非调查者的问题很不得体，把他们弄得十分尴尬。

她还有几个基本建议，都是提醒民俗学者要进行语境研究的。例如，在第一篇文章《民俗搜集》中，她建议，民俗学者应该学习编绘地图，这对于开展民俗的历史地理上下文研究是有帮助的（Burne，1890）。在第二篇文章中，她建议，要注意带着历史的眼光搜集民俗，她说：

> 每种民俗事象，我们今天所看到的或今天所知道的，都有它们的“生命史”。何况，民俗资料还很可能被修改过多次，“外部事件、经济变迁，以及为今天的民俗塑形做出贡献的地方人物”，都可能是造成这些修改的原因，而学者的推理往往带有明显的现代感，所以具备历史意识是十分重要的（Burne，1902）。

她的另外三篇文章发表于1884年至1886年的《民俗》杂志上，虽然很短，但也很重要，从中能反映出她的两个贡献：一讨论“民俗”的定义，一是阐述了提升民俗学研究水平的几种简单的方法，它们都能揭示她后期工作的特点。这些文章后来还引发了一场大讨论（Gomme，1884），讨论所涵盖的问题，有关于民俗学的本质和科学地位的，有关于民俗分类学的观点和方法的［另见哈特兰德1884，1885；纳特（Nutt）1884；惠特利（Wheatley）1884；阿尔瓦雷茨（Alvarez）1885；过姆（Gomme）1885；与格伦尼（Stuart-Glennie）1886a and 1886b］。班恩本人也被卷入到这场讨论中，但她所发表的意见是充满智慧的，也是十分谨慎的。她把自己的观点限定在自己感兴趣和有实际经验的领域，从一开始就指出："我只是从一个搜集者的角度，对民俗的分类和命名，谈谈自己的看法。"（Burne，1885）她说：

> 如果有人问我，"在各种建议方案中，哪种在实践中是最有用的？"我应该毫不犹豫地回答，是过姆先生的。我读了他发表在《民俗》杂志最后一期上的论文，就好像一个小学生，拿着一本字典，经过一番痛苦地挣扎之后，突然间，一种语法自天而降，落在他手上，让他找到了解读的办法。

她用了大篇幅的文字称赞过姆的分析，再就如何在这里或那里做修改提出了合理的建议，但在文章的后一部分，在做学术评价时，她提出了与过姆的教条主义完全不同的看法，她说，"民俗"一词，可以有两种解释：一种是为了让学生了解民众知识，所界定的"民俗"的含义（在这方面，在界定"民俗"时，应包括"民居、手工艺、民间语言"的知识）；另一种，是为了研究民俗知识，所界定的"民俗"的含义（在这方面，在界定"民俗"时，应包括"民众在传承传统权威方面的所有信仰和实践，而不是书面记载的权威"）。如果采用第一种解释，就会导致英国到下个世纪才能接受“民俗”的定义，而她愿意采取更保守的选择，这种选择还具有开放性和包容性。

在这场争论中，她的第二个贡献是肯定搜集者的独立价值。她说：

> 作为一名搜集者，我不能不对此感兴趣，但也未免担忧。在现在这么多“伟大的学者”中，未免忽视了对“谦卑”的搜集者的需求，而发展成为对过姆分类法的固执维护，相反，对格伦尼（John Stuart-Glennie）的反对声音的抵制（Stuart-Glennie，1886a and b）。

她的第三篇论文《提升民俗学研究水平的一些简单的方法》（Burne，1886b），是她第一次提出这类主题，她后来在各类文章中又反复强调过。她认为，英国民俗学者的学术研究和田野调查，都必须把对象集中到英国民俗学上，对英国民俗展开系统的实地搜集与考察。她说，“回看《民俗》杂志的前几卷”会发现“当我们的学校官员、报刊商人和受欢迎的科学演讲者们，到我们国家的乡村休闲时，他们对英国民俗的了解近乎无知，这是令人遗憾的”。他们只关心“从中国到秘鲁的人类数据调查”，不关心本国的民俗，这是远远不够的。她已经在小心翼翼地守护着英国民俗学的疆土。

另一个值得注意的特点是，这场争论的方式是曲折的。学者们朝着两个对立的方向发展，她是民俗学会主席，试图包容和平衡双方。她显然不赞成人类学的偏见，不允许人类学的做法进入英国民俗学会的研究与写作，但她的有关民俗搜集工作的评价和论争，还是会顾及当时在该领域占主流地位的人类学对民俗学的影响，她说，在英国，还有“野蛮人”，他们跟我们的距离，比印度或新西兰人更近。英国本身就有不同社会阶段并存于同一国家的现象。她的意思是，民俗学在国内调查的任务就够多的了，用不着远渡重洋窥测别人的文化。她也提到，“野蛮人”也有权利被友好严肃地对待。“民众的思想，不能被理解为荒谬的，不应该受到轻视。这与被学校教育灌输出来的观念是不同的”。她宣称，“英国民俗学会勤苦地搜集本国民俗，与好奇地向民众学习知识的搜集者进行广泛的合作，并要扩大会员的范围，守护民俗学的疆土，这正是英国民俗学会的初衷”。总之，最重要的是，要专心地搜集英国民俗。我们很容易看出她的思想倾向，也有人视之为偏激。布朗纳（Simon Bronner）指出，我们在肯定她的成就时，又忽略了她的保守主义，忽视了一个事实：她很少通过自己的洞察力去理解他人的看法，她要么忍住自己的怒火，要么自相矛盾（Bronner，1981，尤其是第 18 页）。这类说法很容易导致对她的一种很不客观的印象，认为她缺乏耐心、懦弱、头脑混乱。

但是，以上各种指责的问题在于都没有正确地评价她的品格，没有公正地评价她对英国民俗学会的存在与发展的历史贡献，没有仔细地考察她的著作，没有考虑在她所生活的时代，没有看到像她这样出身贵族家庭的女性所获得的教育和所具备的教养。在她那一代人中，女性只能在家庭自学，接受家庭提供的教育方式，她没有正式的官方文凭。她可能对发表意见的权利不那么自信。她的贵族身份还会使她认为，提出挑战性的意见，是一种不礼貌、不体面的冒犯。此外，她所处时代和所属的贵族阶级对女性活动的限定，也是应该被考虑的。

19 世纪中叶至 20 世纪中叶英国妇女地位不高，一种涉及班恩的解释是，在班恩的富有家族中，在家产的所有权和使用权上，对女性的规定是不公平的。1874 年 7 月，班恩的弟弟萨姆布鲁克达到法定继承年龄，按规定应该回到故乡的老宅去住。那时老宅中还住着八个姨妈，但为了弟弟的继承，她们都必须搬走。她们那时的年龄都在38岁到58岁之间，并不年轻，离开老宅也无处可去，但这件事在法律面前，不容分说，她们还是被迫搬出了，到一个陌生的环境中重新开始生活。两年后，弟弟结婚，班恩的母亲和姐妹们也要搬离老宅，为新娘腾地方。

班恩理论中的曲折和疏漏的结论，源于她的贵族背景、社会规定性和体面意识所导致的保守与隐忍。她有丰富的民俗搜集经验和成就。她出色的工作和人格魅力产生了相当的号召力。她公开拒绝所谓顶头上司的旨意，反映出她的品格、学识、地位和性别特点。她有足够的智慧抵制民俗学界的逆流。但她的贵族教养又常常使她回避直接对抗，在那些掌握民俗话语权的男人面前，她的行事风格都是温和的和隐忍的，她的出拳都是被牵着走的，她的论辩都是委婉的，连她的大部分写作（除了她的书评）都是不露锋芒的。她的这些特点，在她的两次民俗学会主席就职演说中都体现得很明显，所以又有人写文章说，看不透她的想法，不知道她到底想说什么。

过姆的独裁，以及一些朋友和同事对英国民俗学会理事会的影响，肯定助长了这一倾向。从学术上说，在她从事田野作业的辉煌时代，她没有系统地构建相应的理论，没有把民俗学理论与民俗搜集分别放在地位对等和功能不同的精神空间中，在这方面，她对弗雷泽（J. G. Frazer）《金枝》第二版（《民俗》杂志社出版的八册之一）的评论是耐人寻味的：

> 很自然地，在学生中间会有一种倾向，就是把理论和田野发现混为一谈。他们就像对科学的饥渴一样，把理论误解为都是经过实践检验的事实。他们只从学术大师的理论出发，而不是事实出发，只把理论当做研究的起点。而那些老老实实地通过实证研究追求真理的人们，就会在事实的证据方面提防他们。（Burne，1901，240—1）

无论从历史条件看，还是从现代眼光看，班恩的出身、阶级、学识和含蓄风格，又都使她在伦敦民俗学界容易交朋友，进入民俗学的学术圈，并取得核心地位。她在一个民俗搜集者本身往往被忽略和轻视的年代，做出了骄人的成绩。在 19 世纪末叶，她几乎是英国民俗学会唯一的女性，被全票选入理事会。如道森所说，她带领一个

“伟大的团队”在前行，受到了同事们的普遍爱戴。

对班恩这样伟大的学者，要在十几页的论文中全面评价她的生平著作是难以做到的。但至少可以肯定地说，她的学术洞察力、她的田野作业成就、她的理论建树，都足以说明，她堪称是一位学术大师。

英国民俗学会时期

班恩进入英国民俗学会工作的时期，正是她处于民俗搜集活动最活跃和成就最辉煌时期的末期。1883 年，她正式加入英国民俗学会。1887 年，她当选为理事会成员。1891 年，她参与组织英国民俗学会的国际学术大会。此后，根据哈特兰德的说法，她把主要精力都放在了所“担任的职务上，没有多少精力再专门从事民俗研究”（Hartland，1923）。但是，在整个供职英国民俗学会的时间里，她一直都在学会的《民俗》杂志上发表文章，最后一篇文章是发表于 1917 年的一篇简短的民俗随笔。

班恩的能力、风度和包容性可能是她被吸引到道森所说的“伟大的团队”核心圈中的关键因素。但是，她第一次是如何与他们认识的呢？现在就她的个人资料看，这很难确定。我们知道，她在很年轻的时候就认识了过姆，她的妹妹阿丽丝在 1875 年的日记中写道："过姆先生来访。过姆晚上才回到城里，班恩回来了（我希望）。（Ashman，1986）"我们也知道，到 1891 年，班恩与过姆夫人已经建立了友谊，在现存的几份私人文件中，就有班恩邀请过姆夫人参加座谈会的请柬。我们也知道，班恩后来以她的影响力，在同年中，将这位夫人的不名一文的丈夫引进英国民俗学会工作，担任秘书一职。这位夫人后来在日记中写道："这对他（过姆）来说是好事，但也有麻烦，就是他将要对一些无用而枯燥的话题产生兴趣。"（Ashman，1986）班恩此举的初衷，很可能是出于友谊，也可能是她不想让人类学对民俗学，不能包容不过后来过姆拿到了权威地位。

1891 年至 20 世纪初，是班恩社会活动较多的年份。在这一时期，她只有 5 种出版物出版，其中有 4 种是她为"民俗"通信专栏和其他栏目撰写的简短评注。她很少出席理事会的会议，会议记录显示，在这 9 年中，她一般只出席每年 11 月的例会，也包括 1898 年 5 月至 12 月期间讨论可能与人类学研究所合并的 5 次会议中的 2 次（Bennett，1997）。我们无法知道她缺席的原因是什么。

据 1900 年 1 月 12 日的会议记录，"在最后一次会议上，班恩女士表示她愿意从事《民俗》杂志的编辑工作”。1901 年，她被选举为民俗学会的副会长。她可能是在这个时候搬到伦敦住的。在她负责《民俗》杂志编辑期间，该杂志得到了扩展，她为之付出了真正的努力，使杂志站到时代的前沿。但也有意外发生，1902 年冬季，《民俗》杂志与人类学研究所发生了纠纷，原因是《民俗》杂志发表了 H.A.Rose 的文章，但人类学研究所突然声称，这篇文章已经被他们的杂志采用，将于第二年分两次发表（1903 年 1 月 7 日和 5 月 27 日）。他们在事实上并未发表该文的情况下，还对《民俗》杂志发表此文的插图挑刺（1904 年 4 月 20 日和 5 月 18 日）。面对这种挑衅，至 1908 年 5 月，班恩递交了辞呈。到 10 月份，她病了。据该月的理事会会议记录，民俗学会一致同意给她写信，“祝她完全康复，请求她能在圣诞节后恢复编辑工作，并愿意以任何她能接受的方式减轻她的工作负担”（1908 年 10 月 15 日）。但她措辞严厉地回绝了这一邀请，说她在生病之前就辞职了，这次生病“对她的计划没有什么影响”（1908 年 11 月 4 日）。当她的身体好转，恢复民俗学会的工作时，她是以被选为民俗学会主席而不是作为《民俗》的编辑回来的。

她从成为英国民俗学会的早期成员起，就全身心地致力于它的事业。正如我们所能看到的，她最早发表在《民俗》杂志上的文章就是专门讨论方法论的。她重视方法的讨论，希望由此吸收更多的学者加入民俗学会，扩大学术阵营。她两次发表的主席就职演讲的动机，在很大程度上，都是希望当时的学术领域，找回民俗学的位置。她是学会工作的一个榜样。

在她主持工作期间，以一种人人熟悉的优雅风格工作，民俗学者的文章或民俗学者朋友们的文章都会得到善待。对民俗学会圈外的人或论文，她的态度也是开放的。她公开欢迎外界的批评，允许刊发与自己对抗的观点，鼓励自由发表意见，无论意见是机智的还是尖刻的，她都能接受。她对新成立的社会学有自己的警惕，她认为社会学对民俗学有一定的威胁，但对那些学会工作的功臣和很好的学者，包括民俗学会前任主席布劳拉鲁克（Edward Brabrook），民俗学的好朋友以及迪尔凯姆（Durkheim）和韦斯特马克（Westmarck）等，她都很客气。但对质量差的论文和工作，她就很不讲情面，反对用“粗制滥造”的东西腐蚀青年（Burne，1904a）。

她也承担了大量的工作而从不计较个人得失。1902

年1月，她还在主持《民俗》杂志时，一份会议记录说："哈特兰德先生提交了他与班恩女士合作编写的《民俗学手册》第一章的草稿。"人们无法想象班恩是怎样完成这本书的编写工作的。早在3年前，1899年3月，民俗学会理事会曾讨论重新编纂和出版《民俗学手册》（1890年初版）的可能性，并商定请柯克斯（Marian Roalfe Cox）接手这个任务，但遭到拒绝（1899年4月19日会议纪要），民俗学会就决定成立一个委员会，考虑做这件事需要多少编辑。在1902年1月22日之前，理事会的会议记录中没有更多的说法，显然任务已落在班恩和哈特兰德的肩上。至1902年3月，《手册》的第一章已经写出来了，理事会决定"分段"拆开它，把它分给不同的编辑，促使其"最终成型"。到1909年5月19日之前，会议记录再次沉默，当时据报，班恩女士"愿意按照理事会的要求，编写和修订《民俗学手册》，提供出版"。很显然，哈特兰德退出了这个项目。原因不能确定，但我们的猜测是，这项工作受到理事会的全程监督，这让哈特兰德十分恼火。另一种可能是，哈特兰德被要求撰写其他民俗学内容，并加进《手册》，这也使他无法接受。

1909 年 10 月 20 日的报告说，该书正取得良好进展。但直到 1914 年，这本书才完成，显然，班恩的注意力被牵扯到学会其他方面的工作，但她最终还是把这本书完成了。

班恩发表过最具理论性的演讲，那就是在她担任民俗学会主席期间发表的两次就职演说（1910，1911）。其中，第一次演讲的题目是《欧洲民俗学在文化史上的价值》，班恩回顾了英国民俗学会成立以来所取得的进展，对领导者的工作成绩表示祝贺，对过姆表示优雅的赞扬，然后，她对英国民俗学与新兴学科的关系现状做了分析。这一部分的内容将工作进展与学术争论交织在一起，表现出班恩深刻的洞察力，也展现了她分析问题的逻辑力量。她指出，当新学科兴起并与民俗学的研究对象重叠或交叉时，民俗学会还能发挥作用吗？它如何证明它作为一个独立学术组织的存在（Burne，1910）？她宣称，现在英国民俗学会的工作，已经“远远超过了对文化遗留物研究的早期研究（Burne，1905）”，但她似乎愿意回到这一理论上来，从新的视角，对“文化”中“遗留”下来的民俗事象（即国家的最近的过去）展开研究。“社会学”（或“社会人类学”）如何对待民俗？她指出，它们可能正吞食民俗或忽视民俗。她要求民俗学者重温民俗学史，认为：“30 年前，我们研究野蛮社会的文化遗留现象，以解释欧洲的幸存；现在，我们研究欧洲的文化遗留者，以了解这种民俗的发展。”民俗学可以通过为社会学或社会人类学提供历史视角，找到一个新角色，这正是“即将到来的，对不久未来的研究”（Burne，1910）。她也对民俗学内部的动摇者提出了批评：

> 这儿，那儿，到处都有窃窃私语，说我们的进步没有那么美妙。他者，即便就在我们中间，也在告诉我们，我们正在用错误的方法，肆无忌惮地比较，把某些民俗“事象”从起源阶段抽出来，将之与其他社会制度和其他文化阶段中同样被连根拔起的其他事象放在一起，随意进行对比。他们说，民俗学需要大大降格，要仔细地考察民俗概念的界定，要加强研究民俗异文，要更深入地探究现象背后的原因。（Burne，1910）

她转向阐释民俗的历史语境，她似乎更倾向于接受这种做法。她思考两个特殊的个案，即卡斯尔顿加兰的庆典仪式和阿布茨布罗姆利霍姆舞蹈。她指出，尽管它们仍处于“遗留物”的范围内，但从当地的情况来看，庆典仪式是一种“主张和保持活态的特权和（经济）民俗的方式”，适合采用现代整体性方法做研究。班恩从观察和带有共识性的日常实践出发，以开放的心态，接受新思想，也尝试使用整体性研究方法对于传统民俗研究的有效性。

她认为，欧洲民俗学的特殊价值在于，可以揭示某种“文化”的早期阶段，这样不仅可以更好地理解发展中的人民的现有民俗，还可以更好地理解欧洲的历史，民俗学者正是在这里大有用武之地。民俗学进一步发展的方向，是“在我们自己的国家”进行田野作业。她也有避免冒犯他人的焦虑，于是又很快降低了调子，在演讲的最后，她说：“为了我们自己的利益，也不能把自己的工作仅仅局限于大英帝国，我们不拒绝与异邦返回的旅行者接触，不忘记我们的殖民地人员和印度人。”

她的第一次主席就职讲演是具有前瞻意义的工作兼学术的陈述，她强调系统化的田野作业，强调理解人民的必要性，以及为她自己设定的讨论范围开展学术争论的制度性保障。这次演讲的不足也在它的命题中，有些信息互相矛盾，有些预期缺乏号召力。但无论如何，这种题目导致她全身心地投入英国民俗学会的工作，并为她带来了事业上的成功。

她的第二次主席就职演讲更具现代眼光。她提醒听众说，我们需要修改民俗学会章程中对于民俗的定义，而这是“向民众学习和学习传统知识的过程，无论在所谓落后的民族还是先进的民族中，都需要这样。民俗，绝不仅仅是手工艺和民间语言，它的核心部分是信仰、习俗、故事、民歌和谚语（Burne，1911）。”她还说，这类话题的选择不是武断的，每个话题都与其他话题密切相关，其中有的民俗可能来自某种信仰，有的谚语也可能成为联系两者的纽带，歌曲和故事也能提供这种证明。这份施政演说颇具学术价值，但它的实施举步维艰。这是因为，她的个案研究只在“民俗”被界定为日常实践、平民宴会和传统节日时才有效。为了避免僵化，她也试图采用讨论制度的视角，但同样认为它作为“遗留物”存在才会有意义。而这也带来了麻烦，即如何界定“遗留物”？如果她要充分阐释它的含义，就不得不回到民俗学会早期通行的民俗是“化石”的隐喻理论上来，不过她所援引的各种当代个案又都在表明，民俗是活态的，是民众生活中的活态要素，不是一成不变的“化石”。这又迫使她做出另一种解释，即民俗不仅是野蛮文明的遗留物，同时也是一种最近历史的文化遗存。这种说法显然还让她不踏实，她又说：“我知道，并不是每个人都愿意接受‘遗留物’的说法，但就我自己而言，我也看不出完全否定它的理由。”她又迅速成为一名驾驭者，说道：“也有一些更为熟知的古代实践个案（Burne，1911）。”她在安全着陆之后，在演讲的余下几页中，还是给最近历史的“遗留物”留了位置。但也如她所承认的那样，这种提法与过姆的一些说法有冲突（如过姆关于制度性的民俗和社会组织的提法）。她强调，按照过姆的说法，如果民俗确实在现代社会现象和古老社会之间起到纽带作用，那么他的说法才有实际意义。

现代读者没有完全跟着她的著作逻辑去思考，他们期望她能放弃“遗留物”的说法，为民俗的功能研究和语境研究提供新的个案。事实上，她在个人著述的某些部分，也有十分接近读者想法的阐述：“如果我们不把民俗看作是一种杂乱无章的事象进行收集，而是作为一个整体去考察和分析，我们就会把民俗的概念放到语境中去考虑。”当时过姆已经星光照耀，他一直把自己的影响力放在班恩（和英国民俗学会）之上，直到他在1916年去世，这对她来说，要找到一条明晰的前进道路就不那么简单了。

直到下一代民俗学会精英哈登（A.C.Haddon）、马雷特（R.Marett）和里弗斯（W.H.R.Rivers）接任这个“伟大的团队”，英国民俗学界的任何理论重组就都出现了新的可能性（即使如此，这种重组也是十分缓慢的）。民俗学的功能说还是无法抵挡英国其他人文社会科学的对立学说，直到1920年代马林诺夫斯基的影响得以确立，马林诺夫斯基的功能主义理论在人类学中胜出，民俗学的功能主义才开始抬头。

班恩是一位受到外界舆论束缚的女性，她是一位自然主义者，一位功能主义者，她努力地适应她不愿意挑战的新理论，可是这些新理论又根本不符合她的经验和观察，她处于矛盾之中。假如她在哈登远赴托雷斯海峡之后出生，或者假如她在马林诺夫斯基访问特罗布里恩岛之后出生，她会走进另一个心灵相通的智者世界，可惜没有这种假如。结果，如人们所铭记的，她始终是一位田野工作者，而不是坐在书斋里的理论家。她在萨罗普的田野搜集结束后，再未做过那种长时期的系统民俗搜集工作，但她还是把几乎所有假日和外出探险都变成考察地方民俗的机会，从不轻易放过。她骑马纵横，她乘车疾行，她完成了一系列短期调查，包括诺森比利亚的社会习俗调查（1904b）和婚礼习俗调查（1908），伍斯特郡、萨罗普郡、德文郡、萨默塞特郡和斯塔福德郡的民俗调查（1909a）等，还完成了两篇有关 11 月民俗调查的论文（1912，1914b）。

在后期的工作中，她对自己在民俗学会主席就职讲演中的观点加以发展。这些观点都很有个性化的色彩，让她在大型公共场合更能挥洒自如，让人们对英国民俗学会的前景更有期待，对现代听众来说，也能让他们更容易接受。它们表明，如果她再晚出生二三十年，她会成为更伟大的学者。1894 年，她给《民俗》杂志寄去了一篇稿子，上面记载了她在南海岸城镇出席 11 月 5 日活动的观察记录（Burne，1894），此文没有很快地引起反响，但过了 7 年后，三篇相同题目的稿件被寄到了《民俗》杂志。这种迟到的反应，说明班恩当年提出的问题引发了跟踪关注。这批来稿和其他一些参考资料汇合，加上她自己的观察，构成了班恩 1912 年发表的一篇论文的基础，该文讨论“旧民俗”是如何变为“现代形态”

的，以及不同来源的民俗如何汇合并产生“共同形态”。她很好地说明了“被给予的民俗、历史语境和历史影响如何导致了民俗的变迁”（Burne，1912）。

她的第二篇论文《灵魂、凝聚与辐射：中西部地区的三种 11 月民俗》，分析了三种习俗背后的经济原因，追溯了它们从死亡盛宴到儿童民俗的变迁史。她说：“要真正了解古老的岁时习俗，就必须认识到，每个节假日都有经济、社会和宗教方面的原因，我们只有全面考察祖先节日的特点，才有可能对这种节日的纪念活动作出令人满意的解释（Burne，1914b）。”

我们必须假定，自此之后，她的健康状况开始恶化，但她还是在 1918 年夏天参加了理事会的会议。

她的外甥在“夏洛特·班恩”画像的结尾处写道，在这个家庭里，新的一代正在成长，她成了孩子们眼中最博学的无冕王后。她随时准备帮助孩子们，提供建议和给予教育。还有一份家庭的记忆，来自她的一个住在加拿大的外甥女的回忆，“我去年还和她住在一起，她的腿脚已经行动迟缓，但思想依然相当活跃。不过我不认为她会为此担心，因为她从来就没有大量地活动过。她很有学问，当人们向她寻求帮助或建议时，她都愿意帮忙。她从未结婚，把所有的业余时间都花在了外甥、侄子和外甥女的身上，随时愿意承担义务。我很小的时候，她就让我住在她伦敦的公寓里，给我上钢琴课和唱歌课。我不是那种有文艺思想的人，她教我如何表现得像个有教养的名媛。她带我去了她的民俗学会，我在那里遇见了许多奇奇怪怪的男男女女，我不喜欢他们。后来她太胖了，不能走出花园，我们就用一辆家庭教师用的小手推车带她出去。虽然她很胖，但看上去很高贵，很有威严（G-C. Burne，1975）”。

“1922 年某日”哈特兰德写道，“她患了中风，维持了几周，权力还是抛弃了她”（Hartland，1923）。1923 年英国民俗学会的第一次会议记录写入了她的逝世消息，决定以民俗学会的名义发去唁电，向她的亲属致以哀悼。

主要参考文献

Alvarez, Antonio Machado, Y. “The Science of Folk-Lore.” *Folk-Lore Journal* 3 (1885): 104-15. Anon. Reviews of *Shropshire Folk-Lore. Folk-Lore Journal* 2, 3 & 4 (1884, 1885,

1886): 229-30, 190 and 365 respectively.

Ashman, Gordon, "Charlotte Sophia Burne." *Talking Folklore* 1 (1986): 6 20.

Bennett, Gillian. "Folklorists and Anthropologists" (Review Essay). *Folklore* 108 (1997): 120-3. Bennett, Gillian, comp. "Fifth of November Customs Compiled from Correspondence in *Folk-Lore* 1894-1912." *Letters to Ambrose Merton* (November 1997): 1-10.

Brand, John. *Observations on the Popular Antiquities.* Newcastle: J. Johnson, 1777.

Briggs, Katharine M. *Introduction to Animals in Folklore,* ed. J.R. Porter and W.M.S. Rus sell.

London : Folklore Society, 1978.

Bronner, Simon J. "Charlotte Sophia Burne, British Folklorist: A Reexamination." *Folklore Women's Communication* 24 (1981): 14-19.

Burne, Alice. *Diaries* 1875-1891.

Burne, Charlotte Sophia. "The Burgomaster's Guest: A Comedy." Translated and adapted for private representation, from the German of Kotzebue in. *Argosy* 15 (December 1872).

Burne, Charlotte Sophia. *Shropshire Folklore: A Sheaf of Gleanings*. Edited by Charlotte S. Burne from the Notebooks of Georgina F. Jackson. London: Triibner and Co./Shrewsbury: Adnitt and Naun ton/Chester: *Minshull and Hughes*. Published in 3 parts 1883, 1885, 1886.

Burne, Charlotte Sophia. "The Science of Folklore." *Folk-Lore Journal* 3 (1885): 97-103 and 267-9. Burne, Charlotte Sophia. "Classification of Folk.lore." *Folk-Lore Journal* 4 (1886): 158-63. (1886a)

Burne, Charlotte Sophia. "Some Simple Methods of Promoting the Study of Folk.lore, and the Extension of the Folk-Lore Society." *Folk-Lore Journal* 5 (1886): 62-5. (1886b)

Burne, Charlotte Sophia. "The Collection of English Folk-Lore." *Folk-Lore* 1 (1890): 313-30.

Burne, Charlotte Sophia. "Fifth of November Observances in the South of England." Folk-Lore 5 (1894): 38-40.

Burne, Charlotte Sophia. "Staffordshire Folk and their Folklore." *Folk-Lore 7* (1896): 366-86.

Burne, Charlotte Sophia. Review of the 2nd edn of The Golden Bough by J. G. Frazer. *Folk-Lore 12* (1901): 240-3.

Burne, Charlotte Sophia. "The Collection of Folklore." *Folk-Lore 13* (1902): 299-302.

Burne, Charlotte Sophia. Review of Faiths and Folklore by W. Carew Hazlitt. *Folk-Lore 15* (1904): 477- 8. (1904a)

Burne, Charlotte Sophia. "Northumbrian Social Customs." *Folk-Lore 15 (1904)*: 341-3. (1904b) Burne, Charlotte Sophia. *Review of Sociological Papers* 1904 (Proceedings of the Sociological Society). *Folk-Lore 16 (1905)*: 119-22.

Burne, Charlotte Sophia. "Wedding Custom." *Folk-Lore 19 (1908)*: 339-40.

Burne, Charlotte Sophia. Contributions to "Scraps of English Folklore II." *Folk-Lore 20* (1909). Notes on Worcestershire (pp. 342-8), *Devonshire* (pp. 488-9), Shropshire (p. 490), *Somersetshire* (p. 490), and *Staffordshire* (p. 490). (1909a).

Burne, Charlotte Sophia. "Reminiscences of Lancashire and Cheshire when George IV was King." *Folk-Lore 20* (1909): 203-7. (1909b).

Burne, Charlotte Sophia. "The Value of European Folklore in the History of Culture" (Presidential Address). *Folk-Lore* 21 (1910): 14-41.

Burne, Charlotte Sophia. "The Essential Unity of Folklore" (Presidential Address). *Folk-Lore- 22* (1911): 14-40.

Burne, Charlotte Sophia. "Guy Fawkes Day." *Folk-Lore 23 (1912)*: 409-26.

Burne, Charlotte Sophia. *The Handbook of Folklore*. New edition revised and enlarged by Charlotte Sophia Burne. London: Sidgwick and Jackson for the Folk-Lore Society, 1914. (1914a).

Burne, Charlotte Sophia. "Souling, Clementing and Catterning: Three November Customs in the Western Midlands." *Folk-Lore 25* (1914): 285-99. (1914b).

Burne, John C. "The Young Charlotte Burne: Author of Shropshire Folklore." *Folklore 86* (1975): 167- 74.

Burne, Margaret. "Parish Gleanings from Upton St. Leonards's, Gloucerstershire." *Folk-Lore 22* (1911): 236-9.

Burne, R. V. H. *Life at Loynton*. Unpublished family history (n.d.).

Burne, S. A. H. "Traditional History in Staffordshire." Transactions of the North Staffs *Field Club xliii* (1909): 135-46.

Burne, S. A. H. "The Vanished Hunting Grounds of

North Staffordshire." Transactions of the *North Staffs Field Club xlv (1911)*: 169-78.

Burne, S. A. H. Archaeological *Papers with Special Reference to Staffordshire* (Reprinted from the Staffordshire Advertiser). Stoke-on-Trent: Edwin Eardley, 1915.

Dorson, Richard M. *The British Folklorists: A Histo ry*. London: Routledge and Kegan Paul, 1968. Dyhouse, Carol. *Girls Growing up in Late Victorian and Edwardian England*. London: Routledge and Kegan Paul, 1981.

Gomme, G. L. "Folk-Lore Terminology." *Folk-Lore Journal 2* (1884): 285-6, 316 and 347. Gomme, G. L. "The Science of Folk-Lore." *Folk-Lore Journal 3* (1885): 1-16.

Gomme, G. L. *The Handbook of Folklore*. London: Nichols and Son for the Folklore Society, 1890.

Gomme, G. L. and Lady Gomme. *British Folklore, Folk Songs and Singing Games*. NHRU pamphlet no. 4, 1916.

Gomme, *Correspondence* (Archives of the Folklore Society).

Hartland, E. Sidney. "Folk-Lore Terminology." *Folk-Lore Journal* 2 (1884): 340-4. Hartland, E. Sidney. "The

Science of Folk-Lore." Folk-Lore Journal 3 (1885): 115-21.

Hartland, E. Sidney. "Obituary. Charlotte Sophia Burne." *Folk-Lore* 34 (1923): intra 99-100. Jackson, Georgina. *Shropshire Word-Book.* London: Triibner, 1879.

McBride, Theresa M. *The Domestic Revolution: The Modernisation of Household Service in England and France 1820-1920.* London: Croom Helm, 1976. *Minutes of the Council of the Folk-Lore Society, 1883-1923.*

Nutt, Alfred. "Folk-Lore Terminology." *Folk-Lore Journal* 2 (1884): 311-15. Simms, Rupert. *Bibliotheca Staffordiensis.* Lichfield: The Author, 1894.

Stuart-Glennie, John. "The Place of the Science of Folk-Lore." *Folk-Lore Journal* 4 (1886): 363-4. (1886a)

Stuart-Glennie, John. "The Principles of the Classification of Folk-Lore." *Folk-Lore Journal* 4 (1886): 75-9. (1886b)

Wheatley, Henry B. "Folk-Lore Terminology." *Folk-Lore Journal* 2 (1884): 340-7.

Wright, A. R. "The Unfinished Tasks of the Folk-Lore Society" (Presidential Address). *Folk-Lore* 39 (1928): 15-38.

附　记

本文的两作者之一，英国民俗学者、英国民俗学会《民俗》杂志编辑，吉立安·班纳特（Gillian Bennett）于2001年发表了研究班恩的系列文章之二《更正与初步书目》（Update and Preliminary Bibliography），对本《附录一》的班恩生平介绍部分，根据班恩后辈亲属新发现的史料，做了部分更正[1]，以下是吉立安·班纳特的修正要点。

自戈登·阿什曼（Gordon Ashman）和我撰写了这篇关于夏洛特·伯恩［夏洛特·伯恩（Ashman and Bennett，2000）］的生活和作品的研究报告的第一部分以后，又发现了新资料，解决了一两个问题，还能发现上文谈到的有些细节是不完全正确的。在过去的18个月里，约翰·班恩医生一直在抄写以前未读过的班恩个人日记、家庭信件和笔记本的内容，还有班恩的奶奶夏洛特·安娜·伯恩的日记，阿丽丝的日记。还有一封信是班恩的

---

[1] 参见吉立安《第二部分 更正与初步书目》中的《更正》部分，（Gillian Bennett, Part 2: Update and Preliminary Bibliography, in *Folklore*, Vol. 112, No. 1, Taylor & Francis, Ltd. (Apr., 2001), pp. 95-106。原文的《初步书目》部分见本书“附录二”。

妹妹弗朗西丝·卡罗琳（范妮）与她们的母亲之间的通信，时间是在 1873 年夏天，班恩带她们去做“欧洲巡回旅行”时。约翰·班恩编辑的这些书信集，于 2001 年 1 月出版。他让我了解他整理的班恩资料，增加了我对班恩早期历史的认识。

我还到萨罗普手稿研究中心做过调查，找到了一些补充信息。需要提到的是，乔治娜·杰克逊的传记作者们也对这些资料感兴趣，里面包括乔治娜·杰克逊为编写她的《萨罗普字典》留下的一个笔记本。从捐献者约翰·班恩的一张纸条看，这是 1923 年 1 月班恩去世后，在她的遗物中发现的。他说，这应该是班恩接管乔治娜·杰克逊的民俗项目时，乔治娜·杰克逊送给她的。还有乔治娜·杰克逊给她的出版商的几封信，还有一份传单，上面列出了她所在学校的条件。此外，还有班恩为母亲夏洛特·安娜·班恩（1893 年去世）写的一份讣告，班恩写的一封关于乔治娜·杰克逊健康状况的信。

结　构

以下所谈的都是对上文的补充信息，作者的解决方案和更正信息。

解决方案和补充信息

戈登·阿什曼（Gordon Ashman）和我写过，没有多少班恩的资料，几乎没有留下笔记本和信件的痕迹（Ashman and Bennett，2000）。幸运的是，后来发现了班恩的旧箱子，在里面找到了不少信件，填补了一部分空白。这些信件的落款时间在1865年至1874年之间，它们没有直接写民俗，但描绘了班恩早年的生活（还有另一个富有家庭的维多利亚女孩），对我们的研究很有用处。

约翰·班恩（J.C.Burne）在一个"秘密抽屉"里发现了伤感的诗句，是用班恩的笔迹写的，这显然是她的创作。诗句暗示了她在1879年前后遇到的恋爱、单恋及其无果而终的结局。这段恋情至1883年结束，她写道："我仍然在想念他""但我不再爱他了"。阿丽丝在1883年11月2日的日记中说班恩写了情书，"这是一件大事"。过姆在1890年4月的一次民俗学会理事会议上，写了一封特别的信给班恩，信中提到她被誉为"民俗搜集女皇"。

陛下，您高兴吗？您那尽职尽责、忠心耿耿的臣民，在与一位民俗学家和冒险家见面的日子里，向她致以问候，向她表达高度的喜悦。终于，一位民俗学家有了一个优雅的称号，并被用诗意表达，称班恩女士是“民俗搜集女皇”。在未来，我们只能做您的皇臣，避免在任何时候，辜负了陛下最殷勤的意见。在此期间，我们都希望，并借此机会，在今晚，表达这样的愿望，您的康复是迅速和愉快的。

来自您最忠实的臣民：过姆

安德留 · 朗（1890 年 5 月）发表了一篇评论，说他不能再做书评了，这一年他已经写了四次了。

约翰 · 班恩在班恩的箱子里还发现了一本日记，是班恩在 1862 年至 1864 年之间写的，当时她还是个小女孩，里面记录了很多有趣的民俗。日记充满了自然而然的历史思考，写了她所观察到的民俗，包括墓志和钟上的铭文，家里的屏风画，教堂里的绘画。对于一个十几岁的女孩来说，每件事都有很好的记录。1863 年，她 13 岁，她注意到五一节的庆祝活动，写了女孩们用娃娃搜集东西（她还评论说“我相信莱斯特郡也有类似的习俗”）。

还有四页描写了同一年的“全圣徒节”，记录了几种版本的圣灵歌曲。日记里还有这样的观察：“老妇人说，当她还是个女孩的时候……”；“另一个说……”；“玛丽说……”诸若此类的笔法反映了她的观察才能和写作能力。在什鲁斯伯里文献研究中心，有一封 1886 年班恩写给田园俱乐部编辑的信，向他们提供了一篇关于墓志铭和钟铭的文章，她还说，她决定将这些资料列入萨罗普民俗（她的笔记本中有大量关于这些主题的条目）。

在上文中，戈登·阿什曼和我写道：“还不清楚她从什么年龄开始就成为一名民俗搜集者。”（Ashman and Bennett，2000）这些早期论文资料的发现，清楚地证明，班恩从少年时代起，就认真搜集民俗和古物。1910 年《民俗》杂志上的一篇文章证实了这一点，此文是班恩和路易丝·E·帕特森之间的一次访谈。在《伟大的思想》杂志上刊登的“民俗学会会长 C.S. 班恩女士”的画像之后，我们看到下面的文字：

> 当她还是个孩子的时候，她就喜欢历史和旧时代的故事，在大多数孩子几乎不知道“古物”一词的意思的时候，古物对她就很有吸引力。她被一件小事深深地打

> 动了，是关于水手们的超自然信仰的。某日，一家人穿过布里斯托尔海峡，班恩女士的父亲不由自主地走在甲板上，开始吹口哨，结果被强令停止了。“为什么呢？”班恩先生问。水手咆哮着回答说：“我们已经有足够的风了，没有口哨吹了。”这个“吹口哨”的信仰给小女孩留下了深刻的印象。她得到了一个便笺簿，把它记下来，随着时间的推移，她发现了各种奇怪的民俗，她和父母在一起，住在两个或三个不同的县，她自己经常观察、经常记（1910）。

在上文中，戈登·阿什曼（Gordon Ashman）和我都已明显地误入歧途，我们以为，“很可能班恩的民俗搜集是在接管乔治娜·杰克逊的资料后才开始的”，但看到这则资料，我们才知道，班恩最早搜集时年龄不超过 7 岁，可能只有 5 岁或 6 岁。

我们接着谈到，如果不得不推测一个日期，我们会推测班恩与乔治娜·杰克逊交接发生在 1877 年的夏天或秋天。现在看，这次交接很可能发生在 1879 年夏天到 1880 年春季之间。1877 年春天是一个重要的日子，它标志着乔治娜·杰克逊的病情在恶化，最终导致乔治娜·杰克逊放弃她的计划。1877 年 3 月 16 日她写的一封信中提到“去年夏天在什鲁斯伯里病得很厉害，已经好几个星期了，……要不是巴德博士的高明医术和不懈的关注，我早就死定了。”另一封日期为 1878 年 2 月 2 日的信件表明，她仍未完全康复。她似乎也从未恢复过体力，萨罗普文献研究中心保存了一封信，作者是班恩，日期为 1884 年 3 月 26 日，信中提到，杰克逊小姐仍然“处于非常痛苦的状态，几乎没有回转的希望”。

我在萨罗普郡发现了一份日期为 1881 年 12 月 28 日的新闻公告，宣布：

> 杰克逊小姐因健康不佳，无法实现个人计划，即在《萨罗普字典》之后，再加一卷《萨罗普民俗》，将她的书稿和资料交给班恩、皮耶伯奇（Pyebirch）、斯塔福德郡的埃克勒斯霍尔（EcclesHall），由班恩安排出版（参见《萨罗普民俗》）。

在这个简短的声明之后，引用了明显是班恩本人的新闻稿，表明她可能已经为这些报纸工作了一段时间（她说她能够“给这些报纸增加很多收入”）。

阿丽丝 1879 年 6 月 20 日的日记中有一条班恩“到切斯特去见杰克逊小姐”的条目，还有 1880 年 1 月 19 日至 28 日和 2 月 14 日对切斯特的其他访问条目。虽然没有提到这些访问的目的，但访问的对象也很可能都是乔治娜·杰克逊。

约翰·班恩的最新研究也有助于充实我们对班恩研究资料的搜集。最后一件事值得一提：在阿丽丝的日记中，有对班恩民俗学活动和民俗搜集的尖刻评论。约翰·班恩仔细地研究了这些文字，认为它们是用不同的方法写的（他认为，是阿丽丝的丈夫弗兰克写的），里面有弗兰克的笔迹。

更　正

［1］此时（1876）班恩正遭受着家人所说的“‘心脏病’发作的痛苦……”，在重新阅读了这个时期的家庭资料后，约翰·班恩现在认为，她心脏病的发作是由于医疗人员错误地给她过量的用药造成的。

［2］她的一生都受到身体不健康的困扰“（Ashman & Bennett，2000）。实际上，班恩比戈登·阿什曼和我想象的更健康。她 23 岁时的欧洲大巡游的信件显示，

23 岁的她是一个能干的骑马好手，骑马走在崎岖的山路上，没有感到很疲劳”。

［3］《阿丽丝日记》1875 年记录过姆先生的访问，这个日期实际上是 1890 年。据阿丽丝的日记，过姆于 1890 年 12 月 26 日至 30 日访问班恩五天，我们有理由认为，这次访问与 1891 年的民俗学国际大会有关，班恩与过姆都是这个大会的主要推动者。

［4］她的外甥 R. V. H. 班恩与理查德（Richard Burne）原以为是两个人，实际上他们是同一个人。

更新的参考文件

Ashman, Gordon and Gillian Bennett. “Charlotte Sophia Burne: Shropshire Folklorist, First Woman President of the Folklore Society, and First Woman Editor of *Folklore*. Part 1: A Life and Appreciation.” *Folklore* 111 (2000): 1- 21.

Burne, J. C. “The Young Charlotte Burne: Author of Shropshire Folklore.” *Folklore* 86 (1975): 167-174.

Patterson, Louise. E. “Miss C. S. Burne, President of the Folk-Lore Society.” *Great Thoughts* [?1910]: 172-174.

[Note] “Shropshire Folklore.” *Salopian Shreds and*

Patches 5-6 (1882-4): 4 January 1882.

二、班恩及其代表作《萨罗普民俗》[1]

［英］约翰 · C. 班恩（John C. Burne） 撰

董晓萍　译

机会总是留给那些准备好了的人

——路易斯 · 巴斯德（Louis Pasteur）

夏洛特 · 索菲娅 · 班恩（Charlotte Sophia Burne）也称洛蒂（Lotty），自幼天赋异禀，小有名气。班恩的母亲叫夏洛特，父亲叫萨布鲁克 · 班恩，班恩是他们的第一个孩子。他们没有稳定的住房。她出生在斯塔福德郡的莫雷顿教区，教区主管是她的叔叔汤姆 · 班恩（Rev.Tom Burne）牧师。萨布鲁克 · 班恩与妻子的居无定所是令人

[1] John C. Burne, The Young Charlotte Burne: Author of 'Shropshire Folklore', in *Folklore*, Vol. 86, No. 3/4, London: Taylor & Francis, Ltd.(Autumn-Winter, 1975), pp. 167-174. 译者注：此文原题目为《年轻的班恩：〈萨罗普民俗〉的编著者》，本次发表时，根据全文的实际内容，作者对题目略有删改。

惊讶的，因为他是斯塔福德郡地产的继承人和家中的长子，但他和父亲的关系很紧张。父亲一直想为年轻的新郎和新娘另外找个地方，直到眼看他们的第一个孩子就要出生了，才不能不交出继承权。这是汤姆弟弟来了，他为兄嫂提供了住处。1850 年 5 月 1 日，他们搬进新家，班恩第二天出生。至 1854 年，他们已有三个孩子，但汤姆再也不愿意接纳他们了，年轻的夫妇又在靠近县界的埃德蒙德安了一个新家，这时班恩已经到了萨罗普郡。

她的父亲萨姆布鲁克（这也是萨罗普郡的一个小镇家族的名字）是一个无根的继承人，被祖父剥夺了所有工作的机会，祖父要把家族财产管理权牢牢掌握在自己手中。她的父亲便以打猎为生。这个不快乐的男人饮酒无度，脾气暴躁。1857 年，他两次摔伤，损害了大脑，在经过四年的痛苦卧床之后，于 1861 年病逝。那时班恩 11 岁。她母亲守寡时才 30 岁，班恩一生的大部分时间都与班恩住在一起。父亲生病的痛苦经历是如何影响班恩的，这很难说。母亲听不得那个伤心的岁月，所以这件事在家里是禁忌，谁也不能提。但母亲总是鼓励女儿对“民俗古物”的兴趣。家人都说，这可能是她需要让自己的头脑忙碌起来，忘记过去。其实也不尽然，班恩的父母都出生于重视子女教育的家庭，所以班恩的母亲精心培养她，一点不奇怪。班恩是由家庭教师教育的，为了减轻母亲的负担，孩子们经常和她跟很多亲戚一起度假，其中包括八个姨妈，她们大多未婚住在一起。回想起来，我们特别感激母亲，她负责安排一群放纵的孩子们的教育。这群孩子经常打扰大人，不愿意遵守严格的纪律。但母亲认为，既然是孩子，就应该是能看到和能听到的孩子们的问题。班恩说，母亲最喜欢的一句话就是："如果孩子不问，他们怎么学？"

这种不稳定的家庭和子女的流动成长留下了丰富的家庭书信遗产，班恩很小就参加了这一活动。当时她（8岁）、范妮（6岁）和朱尼尔（5岁）被送到伊尔弗罗翁贝，交给他们的奶奶古德拉德和三个未结婚的姨妈。1858年9月，艾莉莎姨妈发表了关于班恩的第一份报告说，对班恩的超级学习能力感到特别惊讶，即使是最简单的东西，她也能产生不一样的感觉……她有很多的想法，各种问题在她的小脑袋里互相追逐，阻止她把全部注意力放到手头的事情上……今天晚上，当大人说到教义时，班恩问叔叔（牧师），"贞洁"是什么意思？班恩是怎么想的？她在9月10日对叔叔说：

只觉得我们见过，您觉得呢？是彗星！我们是从马蒂亚斯先生家来的，那天晚上我们去过的地方，我正在欣赏星星，安妮说她看到了一个星星和它的尾巴，她认为它一定是小熊。我惊呼，那一定是彗星，事实证明，那确实是我们期待已久的彗星。我们在北纬度的一个地方看到的，一个晴朗的夜晚，晚上 8 点。

艾莉莎姨妈写道：

什么是一个八岁儿童关心的天文学呢？她想知道天上的彗星何时光顾地球？

四天后，班恩被拍了下来，她描述了当时的情景：“早上我们去奥斯本家，取走了我们喜欢的东西；我的照片被拿走六次。上一次我有两个嘴。”“昨天我们去海滩看图格韦尔先生，看周围的风景，我们被拍下来了，但是很糟糕，每个人都没有被拍到脸。”

这次看上去是成功的肖像，现在我的私人收藏中，是彩色照片，能看到一个粉红脸颊的小天使，穿着浅蓝的连衣裙，沉着地坐在一张靠背椅上。

萨罗普民俗中没有彗星，但在班恩看来，事情不应该是这样。25 年后，她在一本书的第 258 页中写道："我还记得我在德文郡的同学，怎样转身从一个通道的窗口冲过去的，月光就从窗口照进来。一个傻女孩怂恿另一个，最后我们都跑了起来，好像我们期待着月亮上的男人走了下来，来追赶我们。"

从很小的时候起，班恩的身体就不太好。1859 年，她得了支气管炎和胸膜炎。1865 年，她不得不在沙发上休息，好像得了心脏病。她的医生命令她必须保持安静，要放弃思考。她脑子里的想法太多，不停地冒火花，现在必须让头脑安静下来。但这对她来说是很苛刻的要求。诊断的结果是心脏过劳，可能是风湿热造成的。不管怎样，班恩的强项是大脑的灵活，而不是身体的灵活。但道森把她形容为"忙碌的"样子是主观臆断，把她与好动的柯克斯（Marian Cox）相比，两人的差别是戏剧性的。班恩是安静的，她从小就容易气喘，不爱动，晚年又太胖了，几乎走不动。在尤斯顿的站台上，她被人用搬运工的小推车推下站台，再推到马车的门口。

到 16 岁的时候，班恩已经被她的一个姨妈看成是重量级的知识分子了。1866 年，当一个姨妈带着班恩母女去埃克勒斯霍尔教堂时，班恩说她不知道怎么忍受她们的谈话，幸好路上遇见了牧师，把她给解放了，她再也不用搜索枯肠地跟另外两个前辈“聪明地说话”。

有证据表明，一场罗曼蒂克的爱情曾在1870年降临班恩。一只天鹅飞来了，他是她弟弟的大学朋友，但天鹅又很快飞走了。也许她的爱提问的头脑让对方实在受不了。班恩在给牛津的弟弟的一封信中问了10个关于小跑的问题！但在多年后她在与一个外甥的谈话中，她回忆那位追求者提了个问题，她回答“是”，对方却以为是“不”。后来他又忘了接着问，她便拿起笔，给自己蓝色袜子做设计。我们能从她的照片判断她那个时候的模样。

是什么机会让她能够接近、了解和研究古物？一个重要的材料来源是老宅中藏有大量的文件、肖像和绘画。

她从很小的时候起就在笔记本上写她感兴趣的东西。她到了30岁的时候，就能完成和出版最著名的著作《萨罗普民俗》。

此前，她曾在米尔德梅做调查，起因是母亲打点了应有的应酬，代表21岁的女儿启动了这个项目。1871年5月，也就是班恩21岁生日的六天前，西哲（E. J. Sage）先生给她母亲写了一封信，内容如下：

> 回复您的信，请允许我说，我希望班恩小姐不要犹豫，下命令吧，这是她对我的尊敬。请让她立刻把她现在想要的那个人的名字写给我，包括生卒年。不是每个女孩都会在这个年龄段如此地热爱阅读，但母亲一定很高兴看到这个情景，即使不太可能，也要从那个发霉的房契盒子找一份老的遗嘱！对于班恩来说，不管是否喜欢，在米尔德梅的经历都是她的第一次锻炼，她后来在《萨罗普民俗》的《序言》中提到这件事，说自己学习“如何找到答案”。

1875 年，她的叔叔汤姆通过格罗萨特（Rev. A. B. Grosart）的介绍，发现了她的非凡的工作能力。伊丽莎白时代的诗人理查德·巴恩菲尔德［Richard Barn（e）field］的家族，从埃德蒙德搬到这里，这位诗人的一些诗歌创作被错误地收入莎士比亚的作品。班恩敏锐地发现了这个错误，并予以指出。在 1876 年出版的《理查德·巴恩菲尔德诗歌全集》的《序言》中，理查德·巴恩菲尔德高度赞赏班恩。格罗萨特说：“我们必须在这里感谢那些满怀爱心帮助我们完成全集的朋友。在他们中间，首先要感谢的班恩女士，她精力过人，不知疲倦，追查每一条可能有误的资料的来源，这种工作是必须给予最高评价的。”班恩本人在《萨罗普民俗》的第357页也曾提到“我们的埃德蒙德诗人巴恩菲尔德”。

也许是在1880年，她在斯塔福德郡的《世界末日》上发现一个错误。是什么原因驱使班恩去关注《世界末日》？我们无从得知，但偶尔一次，我们从她的母亲那里找到了答案。原来她母亲是《世界末日》的订户。1880年12月，班恩写信给伊顿（Eyton），指出一个以往从未被发现的错误，她还写了一段评论，一并寄去。这段评论很长，不能在这里全部引用，我们就从她特有的自信开始。她指出了几个学术上的细节，指出其中的明显反常之处，把问题讲得非常智慧。然后她就等待对方的回答。对方的回答是用明信片寄来的，内容如下：

> 伊顿先生赞美班恩女士，非常赞赏她的发现，向她表示热烈的祝贺！
>
> 他完全同意她的观点，并希望在新版著作中把她的观点原样印出来。

1881年2月18日，斯塔福德广告在推广伊顿的作品时称赞了班恩，指出她为地方文化研究做出了贡献，为她感到自豪，说她是“最伟大的谱系学家”。

她 15 岁生日时写给迪伯恩姨妈一封信，我们从中可以了解到她与民众的天然亲近关系，看到她的民俗知识是怎样日积月累得来的。她讲述了一只狗在运河上被矿工偷去的经历，她还列举了收到的礼物，并补充道：“我有两本新书要读，我的所有礼物都给了仆人和洗衣女工。”她还列举了工人们的洗衣工作。

> 周一，洗衣女工、女佣和厨房女佣，凌晨 3 点起床，吃早餐，然后开始洗澡，早上 6 点，两个仆人去做他们的普通工作，女佣收拾卧室。他们又来了，在洗衣处工作，直到下午 1 点，大约晚上 8 点结束一天的工作。

女佣洗涤有 1/3D 的报酬。我们还得感谢她提供的饭菜食谱，还能从煮牛肉中看出，她分出一份肉汤给工人们带回家。在一天十几个小时劳作之后，他们还要在黑色的夜幕中走很长的路回家，小心不要把珍贵的肉汤洒出来。

1874 年，22 岁的妹妹范妮去世了，班恩很伤心。在她眼里，范妮是个很有想象力的人，在去世的前一年，范妮写了一篇短篇小说《玛格丽特的婚姻或群山上的光明与阴影》。1890 年，班恩发表了这篇小说，她的感言让我们了解了她成长过程中的童年世界："我的妹妹范妮（Frances Caroline Burne）还是个孩子的时候就表现出了一种创造性的力量，在那些不断占据着我们所有人头脑的虚构剧本中，她一直是个领军人物。她擅长讲故事，主要是乡村孩子生活的故事。"在两姐妹之间，有一个搜集民俗的美好空间，当然这对范妮来说也许是装饰。

班恩在《萨罗普民俗》的《序言》中提供了很多信息。她在 1882 年 12 月写给索菲亚姨妈的信中提到那本书，这位就是 20 年前评价她有天分的那位姨妈。班恩说："我一直在忙于写我的书，大部分时间都在打印机旁度过，大约十天前，我还在努力工作，从那之后，我才处理其他事情。"但令人遗憾的是，与《萨罗普民俗》相关的笔记本和信件没有留下，也许是在她去世后被处理掉了。但她在家庭中，对民俗的兴趣是一种不容置疑的垄断。

1886 年，《萨罗普民俗》的第二卷出版。她搬到了伦敦，在那里确立了自己在民俗学学会的中心地位，并于 1910 年成为主席。这期间，这个家庭的下一代人长大了，她成了孩子们的姨妈。她在孩子们的眼里是博学多才的，无与伦比的女王。她随时准备提供帮助、建议和教育。“我不想多说，这些年，我已经在这个家庭之外，但我对她的记忆很深”，这是她的一个外甥女瑞秋（Rachel Burne）的回忆，现在她是约翰·克雷文（John Craven）夫人，住在加拿大：

> 我去年还和她住在一起，她的腿脚已经行动迟缓，但思想依然相当活跃。我不认为她会为此而担心，因为她从来就没有大量地活动过。她很有学问，当人们向她寻求帮助或建议时，她都愿意帮忙。她从未结婚，把所有的业余时间都花在了外甥、侄子和外甥女的身上，随时愿意承担义务。我很小的时候，她就让我住在她伦敦的公寓里，给我上钢琴课和唱歌课。我不是那种有文艺思想的人，她教我如何表现得像个有教养的名媛。她带我去她的民俗学会，我那里遇见了许多奇奇怪怪的男男女女，我不喜欢他们。后来她太胖了，不能走出花园，我们就用一辆家庭教师用的小手推车带她出去。虽然她很胖，但看上去很高贵，很有威严。（G-C. Burne, 1975）

她在人生 73 年的岁月里，大部分生活靠个人自理，直至晚年。在我的脑海里，她始终还保留着那个圆脸颊的小女孩的形象，她在兴奋地给自己的妈妈写信，报告自己的新发现，她所用的常用短语是“我只是想……”，但她实际上都做到了。

NOTES

1．C. S. Burne, *President of the Folk-Lore Society*, nterviewed by Louise E. Patterson in *Great Thoughts* (1910?), p.172.

2．Dorson, R. M., *The British Folklorists* ,Chicago: University of Chicago Press, 1968, p. 281.

3．Eyton, R. W., *Domesday Studies: an analysis and digest of the Staffordshire Survey* (1881), p. 133.

三、民俗分类[1]

［英］班恩（Charlotte Sophia Burne） 撰

董晓萍　译

我很高兴地看到，民俗分类的题目未被忽视。作为

[1] Charlotte Sophia Burne, Classification of Folklore, in *Folklore*, Vol. 4, No.2, London: Taylor & Francis，Ltd. 1886, pp. 158-163. 译者注：本文为选译。

一名民俗搜集者，我不能不对它产生浓厚的兴趣。我也对这个题目多少有一丝恐惧，因为要在如此众多的“伟大学者”中间，避免让“谦卑”的民俗搜集者的需要被忽略。

我高兴地看到，格伦尼（J. S. Stuart-Glennie）先生和我都意识到，“民俗”这个词最近被赋予双重责任：它既代表一门科学，又代表着一个科学研究的学科。当他把这个词用在科学上而不是学科上时，我必须和他一起讨论这个问题。我把“民俗”视为对民众文化知识的学习，而不是对民众的学习。他说，民众没有所谓的学习，他们不学习，而是吸收知识；显然，这是将“学习”一词限定在教师设定目标、学生学习课程上。

但这肯定是对“学习”一词的未经授权的使用。他说，民众没有所谓的学习，但实际上，早在书籍和国立学校被发明之前，民众就教会了他们的孩子们自己所知道的东西，魔法仪式、民歌、音乐调式、舞蹈、戏剧，都是他们通过口耳相传教给年轻人的，让他们在古老的实践或仪式中发挥作用，所以他这样讲是错误的。一个人可以不知不觉地学习，可以从经验中学习。

对一位民俗搜集者来说，他辛苦搜集的东西不是民俗本身，尽管他知道这是民俗。他还是忍不住要问："下面我还搜集什么呢？"可以肯定地、唯一可能回答的是："民俗"。

格伦尼提出的观点是，我们只能通过人们的所作所为、言论或关系来了解他们的信仰，这似乎是不可否认的。但当人们倾向于理论化时，应该是在搜集资料的基础上去构建综合分类体系，它主要包括民俗、谚语和诗歌。

在民间会有各种各样的民俗，彼此不同，一个普通人就能区分它们。但我认为，重要的工作是将民俗搜集资料系统化，建立一个搜集资料体系，这可能是通过思想和痛苦建立的，是一种对民俗知识的搜集和解释。

这将产生很多麻烦的问题，例如："那些广泛分布的迷信，在任何时候、任何地方都成为观察的对象，如果要求"必须在民俗和谚语之间加以区分"，在整理不列颠群岛某一地区的民俗时，就会发现，"这样做不吉利"的说法很多，将之划入谚语吗？还是民俗？那些通过实践来遵循信仰的人们（如小男孩把鸟蛋带进屋里，被认为不吉利，必须挂在屋外的门口处）将之归入民俗吗？我重复一遍，这样做是可以的，但这将是很困难的。在民间医疗方面如此，将民俗信仰的东西都转成医疗处方，行吗？想象一下，特纳的萨摩亚，所有岛民对他们的神的想法和信仰，都归入民俗的范畴！（当然，还有故事，也在其列）我怀疑其结果是否令人满意。

事实上，在我看来，这种民俗分类是建立在对“谚语”这个词的一种强制性的、不自然的，或者至少是不正常的解释之上的。有些界定是预设的。但是，对于普通人来说，一句谚语意味着一种语言的形式，一种用特定语言表达的想法的样式，一种思维的公式，而不是思想实体。在我看来（除了给可怜的搜集者带来不便外，还要从学习民间用语的特殊含义开始），混淆同一分类中的表述和非表述的现象，是一个错误。

诗歌由故事和音乐组成，在分类上，也会遇到非常相似的分歧意见。首先，普通人需要花些时间才能明白，他们应该把散文放在诗歌的头上，或者说“诗”（Poesy）这个词代表的是戒指的座右铭，而不是更重要的东西。第二，把民间故事称为“诗性”，不仅找到了它的普遍意义，而且也解决了它们的起源和真正意义的问题。当然，这个问题还没有彻底解决，也许永远也不会彻底解决。然而，“传统”很好地描述了分类的纷争，虽然没有肯定任何东西，只有一个无可辩驳的事实，即他们是传统的。

格伦尼像其他人所做的那样，在搜集者对民众知识记录的分类和哲学家对调查结果的分类之间，作了必要的区分。他所追求的结果是心理上的，即对民俗信仰、民俗情感和民俗传统的全面理解。但是，他肯定犯了一个错误，就是宣布结果时，不是建立在资料发现的基础上，这就像预先做出判决，再去听取证据一样。萨罗普郡的人会说，他"在屁股前面犁地了"，也就是说，在田地的尽头给犁地留出空间，这等于"把马车放在马前面"，或者说是在错误的地方开始一件事。当乔治娜·杰克逊女士第一次听到这句谚语时，她的反应是，可以将之用于一个个案，即追求者不是向女儿求婚，而是先向父亲求婚。

如果他没有这样做，而是先看调查材料，再根据资料的特点对它们进行分类，他肯定看到民俗本身，比他想象得要告诉我们的更多。想想安东尼奥·马查多和阿尔瓦雷斯的大词："我们称之为民俗科学的每一种知识的分类，都是原创的民俗。"以我有限的知识看来，简单地说，民俗的分类给我们研究价值的理由，也给我们什么是民俗或不是民俗以真正的检验。

民俗是科学之父，而不是艺术或手工艺是科学之父。以同样的方式。纳特（虽然包括手工艺）试图从民俗的研究中学习哲学、崇拜、法律、医学、历史、智慧和幽默、诗歌和浪漫、（音乐和）戏剧的起源[1]。虽然我觉得，这样做，在理论上分类是不可能的，但作为记录资料的分类是可能的。

理论上的分类，以及我们可能希望从我的研究中获得的整个收获的问题，对其他人来说是很重要的。为搜集者规定的分类原则，应该尽可能地明确和简单，而不可能涉及使用特殊的技术词语，或使用除普通的和已被接受的术语以外的其他意义上的词语。从本质上讲，一个民俗搜集者不太可能是一个具有很高智力或很高文学技能的人。一个好的搜集者，最重要的品质是观察力、好奇心、迅速的同情，与那些未受过教育的人进行简单友好交往的习惯，通过赠送礼品赢得信任等。

现在，一般人在决定某一特定物品是宗教仪式用品，还是宗教用途之前，需要考虑一些因素；在发现花斑马

---

[1] 关于民间音乐，这里有一个相当奇怪的事实，那就是，杰出的音乐天赋绝不局限于出身较好的孩子，出身最低的男孩往往是最好的音乐家。1886 年 3 月 10 日。

的骑手开百日咳的处方，还是用“医疗配方”之前，先将之归类为预兆？还是一种“社会用途”？任何人都知道什么是谚语，或民谣，或游戏，或一种叙事，或一种“迷信”，或一种“解药”，不容易的是如何界定？有些东西很容易辨认，但里面存在不同的知识和关系。而且，任何聪明人都可以在适当的地方安排这样的物品，如鸽子洞要准备好填满的东西。为了解决这类问题，就要下决心建立鬼故事或地方历史传统的分类系统。

四、纪念班恩[1]

［英］哈特兰德（E.S.Hartland）撰

董晓萍　译

英国民俗学会早期的成功，在很大程度上归功于班

[1] 本文原为英国学者哈特兰德（E.S.Hartland）代表英国民俗学会为班恩逝世撰写的悼词，详见 E.S.Hartland, Obituary, in *Folklore*, No.l.34, No.1. London: Taylor &Francis, Ltd. (Mar. 31), 1923, pp. 99-100，102。本次发表的译文有所删节，目的是帮助中国读者专注于了解近百年前英国民俗学界对班恩在英国早期民俗学史上的学术贡献和历史地位的评价，其他有关具体事务的叙述略刊。

恩女士无与伦比的热情和孜孜不倦的工作。今天，我们已无从追寻她的回归，但我们的思绪仍然会不由自主地回到她的身边。她用明智而温和的标准衡量我们所做的事情，她对学会及其科学工作的认同由来已久，没有她，我们的今天所拥有的一切都无法想象。

她的民俗学事业的开端，始于为塞文谷自然学者的田野俱乐部搜集资料，她所撰写的资料内容引起田野俱乐部的极大兴趣，但她那时并没有立即加入任何组织。1883年，俱乐部方面向乔治娜·杰克逊女士推荐了班恩，他们建议乔治娜·杰克逊浏览一下班恩撰写的文本。当时乔治娜·杰克逊正在为撰写一部《萨罗普词典》搜集资料，她看了班恩的东西，立刻对民俗和农民方言发生了兴趣，她还建议班恩使用自己的方法，将所搜集的民俗资料写成一本书，与自己的词典一起出版。

两位女士有共同的兴趣，结下了深厚的学术友谊。她们对萨罗普的关心成为两人思想的交集点。但是，乔治娜·杰克逊女士的身体不好，病得很厉害，已难以治愈。她感到已经没有力量把研究计划再进行下去，临终时，她把自己的研究计划和资料全部托付给班恩，班恩也非常了解她的意图，很快对两人本打算合作的计划做了调整。事实证明，乔治娜·杰克逊选择班恩是明智之举。班恩牢记她的愿望，忠实地完成了她的计划。在乔治娜·杰克逊辞世后，班恩增补和出版了她的词典。然后，她对自己已搜查民俗资料加以补充调查，经过一段新资料的研究工作之后，她将《萨罗普民俗》这部巨著送给了世界。这是一部印刷精良的650多页的大书，于1883年出版。这也是首次出版的县郡级民俗著作，被誉为对新兴的民俗科学的宝贵贡献。

此书以相当完整和科学的形式撰写地方民俗，获得了广泛的好评。不仅对这个郡感兴趣的人欢迎它，英国各地热爱民俗的学者、大学生和社会人士都欢迎它。它后来还成为被逐渐发掘和发展的民俗研究目的和研究方法的研究著作。班恩是一位经验丰富的民俗搜集家，对民俗的意义和搜集方法有敏锐的洞察力和建设性，她学识渊博，能很快发现极有价值的民俗。

班恩迅速成为英国民俗学界的一名新兵，人们对她寄予了厚望。在1887年的英国民俗学年会上，她当选为学会理事会的成员。不久，她应学会理事会的邀请，担任《民俗》杂志的编辑。经她的关怀和付出，这份杂志很快就得到了发展。1909 年，她被一致推选为英国民俗学会主席，成为第一位担任这一职务的女性。她很不安地接受这一职务，但事实证明她的担忧是多余的，如她在第一次主席就职讲话中所说的，一位女性从来没在一个博学的学会做过如此讲话。但她是在每个人都同意的情况下被任命的，她发表了两次非同寻常的、引人深思的讲话。她在管理学会的社会活动和日常事务中，善于多方协助，将其提高到了最高的影响力水平上。

她似乎对工作有一种渴望和过人的能力，没有任何东西能使她精疲力竭。新版《民俗学手册》刚刚完成，她就投入到更艰巨的工作中去。她的工作总是能够很快地完成，她以不可磨灭的热情主持学会的大量工作。

1922 年的一天，她被中风击倒了，她对学会的热爱和被称为“辛劳”的紧迫感不久随她而去。她给我们留下的宝贵遗产，就是需要并付出我们的一切努力，让她开创的事业圆满实现。

五、班恩的初步书目[1]

［英］吉立安·班纳特（Gillian Bennett）编[2]

Books

Shropshire Folklore: A Sheaf of Gleanings. Edited by Charlotte S. Burne from the Notebooks of Georgina F. Jackso n. London: Trubner and Co./ Shrewsbury: Adnitt and Naunton / Chester: Minshull and Hughes. Published in 3 parts 1883, 1885, 1886.

The Handbook of Folklore. New edition revised and enlarged by Charlotte Sophia Burne. London: Sidgwick and

---

[1] 此文原载英国民俗学会《民俗》杂志2001年第112卷第1期第95-106页，伦敦泰勒与佛朗西斯有限公司，2001年4月出版。［*Folklore*, Vol. 112, No. 1, Taylor & Francis, Ltd. (Apr., 2001), pp. 95-106］中译文有如下调整：英文原文题目《初步书目》（Update and Preliminary Bibliography），内容中附带增加对班恩生平资料的更新部分。更新资料重要，但毕竟不是书目本身的内容，故在这次中译本的编辑过程中，将其挪至"附录一、班恩生平著作研究"的文末，专设"附记"一节，予以补入，这样能发挥这部分更新文字的作用：一是体现英文原作者研究班恩的完整过程和使用学术史资料的方法；二是有助于中国读者对照更新前后的资料，较为全面地了解班恩和班恩的家世与时代背景。

[2] 吉立安·班纳特（Gillian Bennett），英国民俗学会《民俗》杂志编辑，主要研究兴趣是学科史。

Jackson for the Folk-Lore Society, 1914.

Articles

"The Normans in Staffordshire." *Salopian and Midland Monthly Illustrated Journal* (July 1878): 67-70. "The Science of Folklore." *Folk-Lore Journal* 3 (1885): 97-103 and 267-9.

"Classification of Folklore." *Folk-Lore Journal* 4 (1886): 158-63. "Herefordshire Notes." *Folk-Lore Journal* 4 (1886): 163-8.

"Guiser 's Play, Songs and Rhymes, for Staffordshire." *Folk-Lore Journal* 4 (1886): 250-9. «Songs.» *Folk-Lore Journal* 4 (1886): 259-6 4.

«Some Simple Methods of Promoting the Study of Folklore, and the Extension of the Folk-Lore Society." *Folk-Lore Journal* 5 (1886): 62-5.

"Norbury Church." *Proceedings of the North Staffordshire Naturalist Field Club* (1888-90): 63-6 (reprinted from the *Newport and Market Drayton Advertiser* August 1875).

"The Collection of English Folklore ." *Folk-Lore* 1 (1890): 313- 30. "Staffordshire Folk and Their Lore." *Folk-*

Lore 7 (1896): 366-86.

"The Folklore of Staffordshire." *Journal of the British Archaeological Society* 2 (1896): 24-32.

"The Collection of Folklore" (one of six contributions by various authors). *Folk-Lore* 13 (1902): 299- 302.

"Folklore: Legends and Old Customs of the County of Salop." FLS pamphlet reprinted from *Memorials of Old Shropshire* (London: Bemrose and Sons Ltd, 1905).

"Reminiscences of Lancashire and Cheshire when George IV was King." *Folk-Lore* 20 (1909): 203-7. "Worcestershire" (contribution to "Scraps of English Folklore, II"). *Folk-Lore* 20 (1909): 342-8. "The Value of European Folklore in the History of Culture" (Presidential Address). *Folk-Lore* 21 (1910): 14-41.

"Occult Powers of Healing in the Panjab" (classified and arranged from notes about folk medicine compiled by H. A. Rose). *Folk-Lore* 21 (1910): 313- 34.

"The Essential Unity of Folklore " (Presidential Address). *Folk-Lore* 22 (1911): 14-40. "Guy Fawkes Day." *Folk-Lore* 23 (1912): 409-26.

"Calendar Customs of the British Isles." *Cheltenham Ladies College Magazine* (February 1913): n.p.

"Souling, Clementing and Catterning: Three November Customs of the Western Midlands ."

Folk-Lore 25 (1914): 285-99.

Headnote to "Scraps of Folklore Collected by John Philipps Emslie." *Folk-Lore* 26 (1915): 153-70. Catalogue of Brand Material. *Folk-Lore* 26 (1915): 359-88; *Folk-Lore* 27 (1916): 69-98 and 193-217;

Folk-Lore 28 (1917): 52-86, 164-76, 295-304 and 415-31; *Folk-Lore* 29 (1918): 66-74 and 146-54.

Book Reviews

The Golden Bough by J. G. Frazer (one of eight reviews of the 2nd edn). *Folk-Lore* 12 (1901): 240-3.

Minstrelsy of the Scottish Border by Sir Walter Scott, edited by T. F. Henderson. *Folk-Lore* 13 (1902): 433-4.

Guernsey Folklore edited by Edith F. Carey. *Folk-Lore* 15 (1904): 119-23.

Faiths and Folklore by W. Carew Hazlitt. *Folk-Lore* 15

(1904): 477- 8.

Sociological Papers 1904 (proceedings of the Sociological Society). *Folk-Lore* 16 (1905): 119-22.

Anthropos : International Zeitschrift fur Volker- und Sprachenkunde. Folk-Lore 17 (1906): 256.

Early Traditional Songs and Carols by Lucy Broadwood. *Folk-Lore* 19 (1908): 476. *Legends and Tales of North Cornwall* by Enys Tregarthen . *Folk-Lore* 19 (1908): 508. *Folklore and Folk Stories of Wales* by Marie Trevelyan. *Folk-Lore* 21 (1910): 117-21. *The Hooden Horse* by Percy Maylam. *Folk-Lore* 21 (1910): 242- 9.

The Origins of Popular Sup erstitions and Customs by T. Sharper Knowlson . *Folk-Lore* 21 (1910): 411-12.

Folklore of the West and Mid-Wales by Jonathan Ceredig Davies. *Folk-Lore* 22 (1911): 511-13.

Folklore of Herefordshire by Ella M. Leather . *Folk-Lore* 23 (1912): 383-6.

Rustic Speech and Folk-Lore by Elizabeth Mary Wright. *Folk-Lore* 25 (1914): 391- 2.

Bygone Haslemere: A Short History of the Ancient Borough

and its Immediate Neighbourhood from the Earliest Times. By E. W. Swanton and P. Woods. *Folk-Lore* 26 (1915): 106.

Lowland Scotch as Spoken in the Lower Strathearn District of Perthshire by Sir James Wilson. *Folk-Lore* 26 (1915): 335-6.

Old London Spas, Baths, and Wells by Septimus Sunderland. *Folk-Lore* 27 (1916): 324.

Obituaries

"In Memoriam: Lucy Catherine Lloyd (1834-1914)." *Folk-Lore* 26 (1915): 99-100.

"Marian Emily Roalfe Cox, 1860-1910." *Folk-Lore* 27 (1916): 434-5.

Notes and Queries

Letter. In "Errata and Addenda" to R. W. Eyton's *Doomsday Studies: An Analysis and Digest of the Staffordshire Survey,* 1881. On page 133, Eyton prints in full a letter (signed "Charlotte S. Burne" and dated 3 December 1880) regarding the entry for Draiton in fol. 250.

"Two Folk-Tales Told by a Herefordshire Squire,

1845-6." *Folk-Lore Journal* 2 (1884): 20- 3.

"Variant of the Three Noodles." *Folk-Lore Journal* 2 (1884): 40- 3.

"Threading the Needle at Ripon Cathedral." *Folk-Lore Journal* 2 (1884): 253 and 286.

"The Shropshire Militia." *Salopian Shreds and Patches* 7 (1884-6): 1 (12 November 1884).

"Shropshire Superstitions." *Salopian Shreds and Patches* 7 (1884-6): 3 (19 November 1884).

"Shropshire Wells." *Salopian Shreds and Patches* 7 (1884-6): 64 (24 June 1885).

"Shropshire Epitaphs." *Shropshire Notes and Queries* 1-2 (1884-6): 133 (14 May 1886).

"Hitchen Mayers'Song." *Folk-Lore Journal* 3 (1885): 185-6.

"New-Year Custom in County Durham." *Folk-Lore Journal* 3 (1885): 282.

«Aberdeenshire Omens.» *Folk-Lore Journal* 3 (1885): 282.

"Birth Superstitions in Northants." *Folk-Lore Journal* 3 (1885): 283.

"Palm Sunday in Northants." *Folk-Lore Journal* 3 (1885): 283.

[Note] *Athenaeum* 3067 (7 August 1886): 175-6 . See below under "Frankwell" . "Derbyshire Sayings." *Folk-Lore Journal* 7 (1886): 291-3

"Staffordshire Sayings." *Folk-Lore Journal* 7 (1886): 294-5.

"Family Traditions." *Bye-Gones, Relating to Wales and the Border Counties* (1888): 55-6 (21 March 1888).

"Formation of the Four New Welsh Counties, Temp. Henry VIII." *Bye-Gones, Relating to Wales and the Border Counties* (1888): 56 (21 March 1888).

"Story of Solomon's Wishes." *Folk-Lore Journal* 7 (1889): 315-16 .

"The Buck's Leap." *Folk-Lore* 3 (1892): 427.

"Fifth of November Observances in the South of England" *Folk-Lore* 5 (1894): 38-40.

"Chained Images." *Folk-Lore* 6 (1895): 19.

"More Staffordshire Superstitions." *Folk-Lore* 8 (1897): 91-2.

"Cropping Animals' Ears." *Folk-Lore* 11 (1900): 457.

"Another Sabbath-Breaking Story from Wilts." *Folk-*

Lore 11 (19 00): 485.

"Blacksmith's Festival." *Folk-Lore* 12 (1901): 217-18. "Customs Relating to Iron." *Folk-Lore* 12 (1901): 474-5. "Charm Against the Evil Eye." *Folk-Lore* 13 (1902): 202.

"How to Annul Blood Brotherhood." *Folk-Lore* 13 (1902): 430. "Fifth of November Customs." *Folk-Lore* 14 (1903): 90-1. "The Vessel-Cup." *Folk-Lore* 14 (1903): 419.

"A Corn-Baby?" *Folk-Lore* 15 (1904): 185.

"Fifth of November Customs." *Folk-Lore* 15 (1904): 106-7. "Northumbrian Social Customs." *Folk-Lore* 15 (1904): 341-3. "The Dancing Towers of Italy." *Folk-Lore* 16 (1905): 462. "Burial in Effigy." *Folk-Lore* 16 (1905): 464.

"The Mock Mayor of Headington." *Folk-Lore* 16 (1905): 465.

"Does the Folklore Society Exist for the Study of Early Institutions?" *Folk-Lore* 17 (1906): 233-5.

"The 'Devil's Door' in Wroxhall Abbey Church." *Folk-Lore* 19 (1908): 458-9.

"Ghost Invisible to a First-Born." *Folk-Lore* 19 (1908): 342.

"Wedding Custom." *Folk-Lore* 19 (1908): 339-40.

"The Burry-Man." *Folk-Lore* 20 (1909): 227.

"Devonshire" (contribution to "Scraps of English Folklore, II"). *Folk-Lore* 20 (1909): 488-9. "Shropshire" (contribution to "Scraps of English Folklore, II"). *Folk-Lore* 20 (1909): 490. "Somersetshire" (contribution to "Scraps of English Folklore, II"). *Folk-Lore* 20 (1909): 490. "Staffordshire" (contribution to "Scraps of English Folklore, II"). *Folk-Lore* 20 (1909): 490. "Sympathetic Magic." *Folk-Lore* 20 (1909): 232-3.

"Burial of Amputated Limbs." *Folk-Lore* 21 (1910): 105. «Virgins' Garlands.» *Folk-Lore* 22 (1911): 496. «Witchcraft in Great Britain.» *Folk-Lore* 28 (1917): 453.

Notes and queries under initials *"C.S.B.," "E.A.E.," "S.K.," and nom-de-plume "Wildmoor"*

C.S.B. "Household Superstitions." *Bye-Gones, Relating to Wales and the Border Counties* (hereafter "*Bye-Gones*") (1884-5): 304 (October 1885).

C.S.B. "Local Surnames." *Shropshire Notes and Queries* (hereafter SNQ) 1-2 (1884-6): 87 (9 October 1885).

C.S.B. "Squire Jones of Sandford." *Salopian Shreds and*

Patches (hereafter SSP) 7 (1884-6): 101 (14 October 1885).

C.S.B. "Shropshire Customs." *SSP* 7 (1884-6): 106 (28 October).

C.S.B. "Shropshire Customs." *SSP* 7 (1884-6): 109 (4 November 1885).

C.S.B. "Squire Jones of Sandford Hall." *SSP* 7 (1884-6): 111 (11 November 1885).

C.S.B. "Squire Jones of Sandford Hall." *SSP* 7 (1884-6): 119 (2 December 1885).

C.S.B. "Salopian Place Rhymes and Place Sayings." *SNQ* 1-2 (1884 6): 119 (12 March 1886).

C.S.B. "Salopian Place Rhymes." *SNQ* 1-2 (1884-6): 121 (19 March 1886).

C.S.B. "Spurm." *SSP* 7(1884 6): 144 (19 May 1886).

C.S.B. "Formation of the Four New Welsh Counties, Temp. Henry VIII." *Bye-Gones* (1888): 83 (25 April 1888).

E.A.E. "Richard Barnefield." *SSP* 7 (1884-6): 25 (28 January 1885).

E.A.E. "The Rev. John Wood Water." *SSP* 7 (1884-6): 36 (4 March 1885).

E.A.E. "The Dialect of Shropshire: Illustrative Quotations from Chaucer." *SSP* 7 (1884-5): 52 (6 May 1885).

E.A.E. "The Dialect of Shropshire." *SSP* 7 (1884-5): 59 (5 June 1885).

S.K. "Richard Barnefield." *SSP* 7 (1884-6): 19 (21 January 1885).

S.K. "Richard Barnefield." *SSP* 7 (1884-5): (4 February 1885).

S.K. "Richard Barnefield." *SSP* 7 (1884-5): 34 (4 March 1885).

S.K. "Shropshire Place Names." *SSP* 7 (1884-5): 56 (20 May 1885).

Wildmoor. "The Dialect of Shropshire [Wanty]." *SSP* 7 (1884-5): 4 (26 November 1884).

Wildmoor. "Christmas Mummers in Shropshire." *SSP* 7 (1884-5): 12 (24 December 1884).

Wildmoor. "Yule Tide Pastimes in the Country." *SSP* 7 (1884-5): 12 (24 December 1884).

Wildmoor. "Richard Barnefield." *SSP* 7 (1884-5): 17 (7 January 1885).

Wildmoor. "Richard Barnefield." *SSP* 7 (1884-5): 20 (7

January 1885).

Wildmoor. "Richard Barnefield." *SSP* 7 (1884-5): 29 (11 February 1885).

Wildmoor. "Richard Barnefield." *SSP* 7 (1884-5): 33 (25 February 1885).

Wildmoor. "The Weald Moors." *SSP* 7 (1884-5): 37 (11 March 1885).

Wildmoor. "Richard Barnefield." *SSP* 7 (1884-5): 39 (18 March 1885).

Wildmoor. "Richard Barnefield." *SSP* 7 (1884-5): 41 (25 March 1885).

Wildmoor. "Cheney Hill." *SSP* 7 (1884-5): 47 (15 April 1885).

Wildmoor. "Salopian Inn Signs." *SSP* 7 (1884-5): 55 (20 May 1885).

Anonymous Press Releases Probably Authored by C.S.B.

"Shropshire Folklore." *SSP* 5-6 (1882-4): 152-3 (4 January 1882). Quoting a letter from C.S.B. in full, announces that she has taken over the preparation of Georgina Jackson's work on *Shropshire Folklore.*

"The Collection of Folklore." *SSP* 9 (1889-90): 287-8 (22 October 1890). Announces, and quotes extensively from, C. S. B. article in the current issue of *Folklore.* See above.

"The Folk-Lore Congress." *SSP* 10 (1891): 153-4 (21 October 1891).

"Frankwell." *Bye-Gones* (1886): 107 (18 August 1886). A notice about the "Note" in *The Athenaeum* (7 August 1886. See above), featuring substantial quotation from it and probably sent in by C.

S. B., though unsigned.

Miscellaneous

"The Burgomaster's Guest: A Comedy." Translated and adapted for private representation, from the German of Kotzebue. *Argosy* 15 (December 1872): 434-58.

"Cultivation of the Mind as a Part of the Girls' Friendly Society Work." *Lichfield Mercury* (19 July 1884).

"Work of the Literature Department of the G.F.S."

(series of 2 articles). *CFS Associates' Journal* (March and June 1888).

"The Literary Side of the Girls' Friendly Society." *Friendly Work* (March 1888): 32-4.

"Hints and Suggestions for the Use of Literature Associates." *Friendly Work* (June 1888): 89-90. "The Girls' Friendly Society in the Dioceses of England" (series of 16 articles). *Friendly Work* (August 1890-November 1891). Reprinted in *Home Work* 1888.

"Our Sister Societies" (series of six articles on the work of the Girls' Friendly Societies in Scotland, Ireland, the USA, Canada, Australia and New Zealand). *Friendly Work* (1889): 17-19, 33-5, 81-4, 116-19, 129-32 and 163-6.

第二节

概念史的研究

——社会史与家庭史研究的个案

［爱沙尼亚］玛丽卡·玛吉（Marika Mägi） 撰

董晓萍 译

关于概念史的研究对象，我们选择了欧洲多元社会母系史的个案。它涉及了人类社会史和家庭史的基本问题，包括“母系社会”、“父系制”和“多元社会”等基本概念，它们几乎是所有人文社会科学研究的起点，也是19世纪中叶的班恩时代直至今天使用最频繁的概念，影响了各个不同学科的发展，包括民俗学。它们的立论背景、概念内涵和研究方法，经历了从多元，到统一，再到多元的复杂历程，已形成了多种方向的研究成果。对它们的理论争论和学术思潮，曾左右了班恩本人和她的时代，也在从她开始百余年的历史长河中形成了丰富的共享问题。对它们的再梳理和再认识还考验着当代中国学者的努力程度与学术自信。

最近一些欧洲学者提出，现在人们呼吁的文化多样性，在史前时期和前现代化时期就已经产生和发展，但以往学术界认为其“落后”或“非先进文明”，不予以重视。这中间要解决对母系社会和父权制概念的认识问题，而自19世纪以来直至21世纪初，受到直线进化论的影响，母系社会的提法被当作神话般的无稽之谈，也有的学者将母系社会与母权制的概念混同，总之对两者都加以排斥，只承认父系社会和父权制的概念，将之视为人类文明进步的形态，但其实这方面的概念界定和理论构建都有可商榷之处，在研究方法上也有待改进。

大量已出土的考古资料证明，在史前时期，的确存在过母系社会，有较为广泛的世界分布，而且充满了多样性。母系社会与其他非父系的社会与家庭形式还都有丰富的逸闻，包括世界各地的民俗，可惜以往学术界不承认这种文化多样性。但是，欧洲学者近年在西班牙北部和波罗的海国家发现了新的考古文物，再次提出了类似质疑，在世界其他地区发现的与之相似的考古资料也不少，这就再三提醒学者，不能对人类多元社会史和家庭形态轻率地一概而论，相反，从跨文化研究的视角出发，补充使用民俗学的方法，还能为学者重新研究这类问题提供一种新的可能，促使学者按照已经发现的社会文化差异性资料，对这方面的概念乃至人类社会的多元形态做出更有力的解释。

欧洲历史学者和考古学者近年致力于社会史的研究，陆续出版了一批著作，重点研究史前时期、前殖民时期和前现代化时期等几个阶段的概念、社会史与家庭制度，指出：现在人们呼吁的文化多样性，其实在这几个时期已经产生和发展，对此应该加强研究，这对于当代人类文化建设和未来走势都有启示性。中世纪之后，特别是全球化以来，人类社会出现了统一文化倾向，对其形成的过程和问题，也需要反思。

欧洲学者近年的研究也有一个问题，就是对晚近社会史的研究占有比较丰富的文献史料，但对史前社会和早期家庭制度的研究，还要依靠人类学和民俗学的资料，沿用其理论框架和解释，而其中有些是欧洲中心论观点，有些是直线进化论的方法，都早已遭到批评。本节的研究尝试克服以上不足，主要使用东北欧、特别是波罗的海东北岸国家的资料，包括考古发掘和民俗学研究成果，以史前至中世纪为主要时段，重点就母系社会和母权制是否存在的长期争论问题开展研究。这些国家的社会史与邻近印地—日耳曼国家的社会史相比，有很大的差别，最突出的差别在于存在母系家庭系统与否。从跨文化的宏观角度看，东北欧国家的这类资料和研究进展，还能在世界其他地区找到频频回应，这也对以往父系社会是唯一社会进步模式的结论提出了挑战。跨文化的文本大都是平行文本，对之开展考古学与民俗学的交叉探索，有助于学者对人类多元社会模式做更精细的研究。

一、社会史与家庭形态的概念

社会史与家族形态概念的研究始于19世纪，在欧洲和北美国家几乎同时进行，先驱学者有巴霍芬（Johann Jakob Bachofen，1815-1887）、摩尔根（Lewis Henry Morgan，1818-1881）、麦克伦南（John Ferguson McLennan，1827-1881）和恩格斯（Friedrich Engels，1820-1895）等。巴霍芬是第一个提出"母权"一词的人，后被称为"母权制"。按照他的学说，母权制是在杂婚时代之后开始的，当时实行一夫一妻制，妇女掌权，家产继承权在母亲和子女之间进行，母权制度是社会秩序的决定因素。巴霍芬还认为，在母权制社会和家庭模式中，妇女拥有普遍的自由，男女两性平等，女性在社会事务中唱主角。在母权制被父权制取代后，母系社会的合作权力向父系权威权力过渡[1]。巴霍芬及其追随者，也包括他的一些批评者，在这项研究中，都把母系社会与母权制的概念混同，将两者相提并论，并在这一前提下，承认妇女在母系社会中的支配作用。摩尔根是在易洛魁的塞内卡部族中生活过的人类学者，对母系社会有过深入的调查，他在著作中构建了比巴霍芬更庞大而平衡的家庭形态系统[2]。恩格斯将巴霍芬的学说与摩尔根的

---

❶ Bachofen, Johann Jakob (1861/1975). *Das Mutterrecht. Eine Untersuchungüberdie Gynaikokratiederalten Weltnachihrerreligiösen und rechtlichen Natur*. Suhrkamp Verlag, Frankfurt am Main. Blomkvist, Nils. 2005. *The Discovery of the Baltic. The Reception of Catholic World-System in the European North (AD 1075-1225)*. Brill, pp. 61-110. Davies, Peter. 2010. *Myth, Matriarchy and Modernity. Johann Jakob Bachofen in German Culture1860-1945*. De Gruyter, pp. 11-15.

❷ Morgan, Lewis H. 1877. *Ancient Society, Or, Researches in the Lines of Human Progress from Savagery, Through Barbarism to Civilization*. New York. Engels, Friedrich. 1884/1958. *Perekonna, eraomanduse ja riigi tekkimine. Seoses L. H. Morgani uurimustega*. Tallinn: Eesti Riiklik Kirjastus, pp. 7-18; Günther, Hans.1951. *Formen und Urgeschichteder Ehe. Die Formender Ehe, Familie und Verwandtschaft und die Frageneiner Urgeschichteder Ehe*. Göttingen: Musterschmidt. Hodder, Ian. 2005. pp. 207-209； Leacock, Eleanor. 1981. Myths of Male Dominance. *Collected Articles on Women Cross-Culturally*. New York: Monthly Review Press, pp. 85-105.

理论加以综合，再做发展，提出人类社会进化的三阶段说，即蒙昧时期、野蛮时期和文明社会。根据恩格斯的观点，母系社会是处于蒙昧时期与野蛮时期之间的社会形态，那里无妇女压迫，两性平等，这种状态在政治权力侵入亲属制度后瓦解[1]。一些早期研究者还认为，母权制被父权制取代是私有财产出现的结果。在父系社会，父权占优，男性势力是主导。在巴霍芬等学者眼中，父权制和一夫一妻制是先进的社会组织形态。

19 世纪的学者大都信奉进化论，虽然他们的观点也有细微差别，但从总体上说，他们大都认为人类社会是由低级阶段向高级阶段发展的，家庭形态的变化是与社会史的变化同步的，而且这是普遍规律。那些被证明为母系社会的家庭形态，如易洛魁人的家庭，也都曾被纳入进化论的理论模式进行解释，结果被认为易洛魁人的母系家庭没有达到欧洲文明的先进水平，这与其社会史的水平是一致的。易洛魁人的社会制度也处于低级的野蛮阶段，是被排斥的。在欧洲，印地—日耳曼民族到来

[1] Engels, Friedrich. 1884/1958. *Perekonna, eraomanduse ja riigi tekkimine. Seoses L. H. Morgani uurimustega*. Tallinn: Eesti Riiklik Kirjastus, pp. 51, 41-50.

之前，可能也存在过母系社会，用进化论的标准去衡量，也应该是处于蛮荒阶段[1]。

二、20世纪的家庭史与母权制概念的研究

20世纪上半叶，几位著名学者投入了社会史和家庭形态的研究，并撰写了他们一生中最有光彩的著作，其中名气最大的是列维·施特劳斯（Claude Levi-Strauss，1908-2009）和玛格丽特·米德（Margaret Mead，1901-1978）。米德使用新几内亚的个案，证明新几内亚的妇女一直扮演活跃的社会角色，与当代西方社会女性的情况做比较，新几内亚社会的这种特征就更为明显[2]。可惜米德的著作从一开始就受到批评，人们对她的名气至今还有争议。20世纪最有名的母权制研究者是玛丽娅·金布塔斯（Marija Gimbutas，1921-1994）。她相信在欧洲史上存在过母权

---

❶ Eller, Cynthia. 2013.Matriarchy and the Volk. in *Journal of the American Academy of Religion*, 81: 1, pp. 188-221.

❷ Mead, Margaret. 1928/2001. *Coming of Age in Samoa*. Perennial Classics.; Mead, Margaret. 1935/2001. *Sex and Temperament in Three Primitive Societies*. Perennial Classics.

制，不过自印地—日耳曼人的库尔干文化移入后，母权制消失了[1]。金布塔斯有个前提，是母权制的理论毋庸置疑，她在此前提下研究欧洲史前艺术和符号的象征性，提出新说。不过，学术界一直不大接受她的观点，主要是对她预设的前提不大认可。尽管如此，她的理论依然有很强的号召力，曾引发新思想运动，还带动了超女权主义的研究[2]。

在整个20世纪，更常见的是对父系亲属制度的研究。这种做法应该是对19世纪母权制学说的一种反驳。很多学者认为，父权制是人类社会的常态。根据这个说法，对母系社会的考察也需要透过男性成员的家庭关系做判断，比如要观察母系家庭中的舅舅和姐妹的儿子是如何被安排的，然后再考察该社会的运行规则。还有一些学者提出，在处理母系社会和相关母权制资料上，早

---

[1] Gimbutas, Marija. 1989. *The Language of the Goddess: Unearthing the Hidden Symbols of Western Civilization*. London: Thames and Hudson. Gimbutas, Marija.1999. *The Living Goddesses*. Berkeley - Los Angeles: University of California Press.

[2] Eller, Cynthia. 2013. Matriarchy and the Volk. - *Journal of the American Academy of Religion* 81: 1, pp. 188-221. Goettner-Abendroth, Heide. 2017. Matriarchal Studies: Past Debates and New Foundations. - *Asian Journal of Women's Studies* 23: 1, pp. 2-6.

期学者有夸大的倾向，他们将母系社会的女性地位提高了[1]。20 世纪 70 年代末，美国人类学者提出了新的看法，并不认可父权制是人类社会的常态。他们的假设是母系社会中的女性地位非但没被夸大，反而是被早期学者给低估了。埃利诺·李库克（Eleanor Leacock）、苏珊·肯特（Susan Kent）及其同道还提出，历史上存有两性平等现象的社会中[2] 有母系制度，或者这种地方还能被界定为母权制，但却未必是 19 世纪学者自以为是地描写的那种模式。当时人类学者大都使用南美和北美的个案，那里当时正被殖民者入侵。殖民者来自男性支配的父权制社会，他们用自我文化的眼光对待他者社会，屡屡误解自我社会与他者社会的差异，比如，他们抱怨本地人无礼，又不时曝出凌辱本地女子的丑闻。从一些个案中还可以得知，这种母系社会很快就被殖民主义者给改造了[3]。

---

❶ Stone, Linda. 2000. *Kinship and Gender. An Introduction*. Second edition. Westview Press, pp. 113-117.

❷ Leacock，Eleanor.1978.Women's Status in Egalitarian Society. Implications for Social Evolution.

Current Anthropology I9: 2, pp. 225-259.

❸ Leacock，Eleanor. 1981. *Myths of Male Dominance. Collected Articles on Women Cross-Culturally.* NewYork: MonthlyReview Press, 1981, pp. 133-162. Kent, Susan. 1999. Egalitarianism, Equality, and Equitablepower. - Sweely, Tracy L.（转下页）

爱丽丝·史莱格（Alice Schlegel）提出另一种看法，认为在母系社会中妇女的自主与婚居制度有关。自主权最大的是婚后“不落夫家”，或者是入赘婚的母系家庭。如采取两居制，就会出现男方的强势；如果是从夫居，就给男方控制女方造成可乘之机[1]。一些研究者还认为，从夫居的另一种功能是成为母系社会向父系社会转型的初阶。

文化多样性可能是母系社会的一个基本特点。首先，如上所述，它在婚居方式上就有多种形式。其次，母系社会的权力运行是多元化的，妇女的自主性、舅权、姐妹的儿子的继承权都能发挥作用。再次，妇女当家做主，男性只在某几个方面受到重用，彼此之间又不乏其他多种协商模式。总之，文化多样性使母系社会形成一种合作权力结构。

与母系社会相反，对父系社会或父权制家庭，只有唯一的一种解释，那就是父系的血缘家庭共同居住[2]。以往学

（接上页）(eds) *Manifesting Power. Gender and the Interpretation of Power in Archaeology*. Routledge, pp. 30-48.

❶ Schlegel, Alice. 1972. *Male Dominance and Female Autonomy. Domestic Authority in Matrilineal Societies*. Hraf Press.

❷ Stone, Linda. 2000. *Kinship and Gender. An Introduction*. Second edition. Westview Press, p. 65.

者似乎都认为，母系社会不如父系社会那么普遍，但他们也承认母系社会的存在是一种无可否认的历史，各式各样的母系社会还可能在世界各地有较为广泛的分布。

20 世纪 70 年代，埃利诺·李库克将两性社会平等与社会分层结构的问题联系起来考察[1]。大约就在这期间，在差不多十年内，还有几位考古学家开始质疑：以往对史前社会的解释是否存在失误？人类社会同步进化说的价值何在？他们的研究不再采用人类社会的发展具有相同进化阶段的说法，也放弃了社会史与家庭史同步发展的观点。他们对人类历史上的各阶段，对不同人群的社会，不再做整齐划一的分类。他们还提出，讨论史前社会制度与家庭形态问题的价值，就在于了解人类社会史与家庭史不平衡发展的复杂历史，观察社会权力多元结构模式。经过他们的研究，有好几个曾被认为是社会同步进化的结论被推翻，被重新做了分类。他们的研究还有一项重要的推进，就是发现史前社会史与家庭史的关系是多元的，有家庭合作权力结构，也有社会多元

[1] Leacock, Eleanor. 1978. Women's Status in Egalitarian Society. Implications for Social Evolution. - *Current Anthropology I9: 2*, pp. 225-259.

分层结构[1]。他们由此发现史前社会研究的特殊意义。埃里森·劳曼（Alison Rauman）研究北美南部的史前社会，建立了印第安村庄普埃布洛的个案，他也对史前社会家庭的合作权力结构提出了佐证。他说，这种社会制度和家庭形态可以被定义为平等社会，但与其他结构复杂的社会相比，这种社会的家庭合作权力的层级性并不简单[2]。普埃布洛村是学者讨论史前母系社会常用的个案，知名度很高。该村进入现代社会后，部分地保留了母系社会，部分地变成父系社会。经近期对美国西南部新墨西哥州的普埃布洛·博尼托人所做的放射性碳和古代DNA测定，大体可以知道，母系社会大约出现于公元前800年至公元1130年之间[3]。

---

[1] Drennan, R. D., Peterson, Ch. E. & Fox, J. R. 2010. Degrees and kinds of inequality. - Price, T. D. & Feinman, G. M. (eds) *Path way stopower. New perspectives on the emergence of social inequality. (Fundamental issues in archaeology.)* Springer, pp. 45-76.

[2] Rautman, Alice E.1998. Hierarchy and heterarchy in the American Southwest: a comment on Mcguire and Saitta. - *American Antiquity 63*: pp. 325-333.

[3] Kennett, Douglas J., Plog, Stephen, George, Richard J., Culleton, Brendan J., Watson, Adam S., Skoglund, Pontus, Rohland, Nadin, Mallick, Swapan, Stewardson, Kristin, Kistler, Logan, Le Blanc, Steven A., Whiteley, Peter M., Reich, David &Perry, George H. 2017. Archaeogenomic evidence reveals prehistoric matrilineal dynasty. - *Nature Communications 2017: 8.* Article No 14115.

古埃及，有的学者也视之为母系社会，当然也有人不同意。艾伦·特洛伊（Allen Troy）的观点是，埃及文化的根在非洲文化，埃及文化有与母系社会十分相似的特征，不过这些特征都被摩尔根的著作给漏掉了。摩尔根认定父系社会是人类进步社会的标尺，他以此标尺衡量非父系的社会形态，就把母系社会弃之于文明社会的门外。艾伦·特洛伊要推翻摩尔根的结论，他的证据也很有说服力，能证明母系社会是古埃及的社会形态。他指出，当时埃及妇女享有平等的权利和管理的特权，比同时期其他社会的妇女有更多的财产继承权[1]。米诺安·克里特人（Minoan Crete，公元前3000年—前1150年）被当作青铜时代的母系社会缩影。在克里特人的绘画中，经常出现女性居于主宰地位。母权制的统治与母神崇拜有关[2]，呈现了“母权制”的文化符号。从后世的官方文献可以看出，这个社会中的女性不仅掌握家庭和公共事务，还有很高的社会地位。从考古发掘看，当地死者的墓穴属于氏族

---

[1] Troy, D. Allen. 2009. *The Ancient Egyptian Family. Kinship and Social Structure*. Routledge.

[2] Gimbutas，Marija.1989. *The Language of the Goddess: Unearthing the Hidden Symbols of Western Civilization*. London: Thames and Hudson.

成员混葬[1]，未见个体权威的物证，说明这里曾施行合作权力结构[2]。还有一个当代考古发掘的新事例也能帮助学者将合作权力、集体财产制和可推定的母系社会三者联系起来考察：伊恩·霍德（Ian Hodder）在土耳其的加泰尔霍约克（Catalhöyük，约公元前 7400 年—前 6000 年）做了考古遗址挖掘，他的结论是，当地曾有男女平等的社会，并就此得出“母系社会”存在的结论。他也不附和金布塔斯的母权制观点[3]，其个人的看法是，这很可能是另外一种社会制度或家庭形态。谈到这里，我们应该说，“母系社会”和“母权制”两个术语一直被 19 世纪学者长期混用[4]，让学术界产生一种错觉，以为即便是多样化的母系社会也必须把两者联系在一起才能分析。但伊恩·霍德的研究告诉

---

[1] Perna, Katia. 2011. LM IIIC Burial Culture in Crete: A Socioeconomic Perspective. -Murphy, J. M. A. (ed.) *Prehistoric Crete. Regional and Diachronic Studies on Mortuary Systems.* INSTAP Academic Press, pp. 119-164.

[2] Adams, Ellen. 2017. *Cultural Identity in Minoan Crete. Social Dynamics in the Neopalatial Period.* Cambridge University Press. pp. 214-216.

[3] Gimbutas, Marija. 1989. *The Language of the Goddess: Unearthing the Hidden Symbols of Western Civilization.* London： Thames and Hudson.

[4] Hodder, Ian. 2005. Women and Men at Çatalhöyük - *Scientific American*, https://www.scientificamerican.com/article/women-and-men-at-atalhyk-2005-01/, 22.06.2018.

我们，其实未必。现在跨文化的宏观考察能提供诸多个案，可以提示我们，对史前社会的研究要立足于实际资料而不能先入为主。一个无可争辩的事实是，史前社会为妇女的发展提供了良好的机会。

三、近代与现代母系社会的状态

19 世纪学者讨论母系社会时大都使用北美易洛魁人的资料，可是与巴霍芬和金布塔斯的学说相比，历史上的易洛魁人正好相反。以往把易洛魁说成是好战的社会[1]，现在应该指出，19 世纪学者的研究有片面性，在使用资料上也有漏洞[2]。埃利诺·李库克重新查阅早期的报

---

[1] Richter, Daniel K. 1992. *The Ordeal of the Long house. The Peoples of the Iroquois League in the Era of European Colonization.* University of North Carolina Press.

[2] Brown, Judith K. 1970. Economic Organization and the Position of Women among the Iroquois. - *Ethnohistory17: ¾,* pp. 151-167.; Leacock, Eleanor. 1978. Women's Status in Egalitarian Society. Implications for Social Evolution.- *Current Anthropology*. Kane, Maeve. 2014. *Shirts Powdered Red: Iroquois Women and the Politics of Consumer Civility, 1614-1860.* A Dissertation Presented to the Faculty of the Graduate School of Cornell University in Partial Fulfilment of the Requirements for the Degree of Doctor of Philosophy. Cornell.

告，发现易洛魁妇女绝非父系社会的羔羊，她们有婚姻自主的权利，青年女子在性生活上比较自由，她们经常与情人在一起试婚。婚期的安排也很灵活，还能选择一夫多妻或一妻多夫的多种形式[1]。还有一些学者提出，在非洲历史上，母系社会十分盛行，后来实行殖民统治，母系社会就被父系社会给吞噬了。迪奥普（Cheikh Anta Diop）提出“两个摇篮的理论”，不同意摩尔根将人类社会由母系制转向父系视为文明进步的观点，并且指出，母系社会在非洲很受青睐。至于父系社会的特征，要到欧亚国家去找[2]。那些赞成迪奥普的学者也有这种看法，不过他们说，在大多数非洲国家和几个亚洲国家的母系社会中，妇女的地位要比易洛魁妇女低，她们的作用限定在生活管理上[3]。

---

[1] Leacock, Eleanor.1978.Women's Status in Egalitarian Society. Implications for Social Evolution. *Current Anthropology I9: 2*, pp. 225-259.

[2] Troy, D. Allen. 2009. *The Ancient Egyptian Family. Kinship and Social Structure.* Routledge, pp. 68-81 and references;
see overview also Eller, Cynthia. 2013. Matriarchy and theVolk. - *Journal of theAmerican Academy of Religion 81: 1*, pp. 188-221.

[3] e. g. the Bembas in North-Eastern Rhodesia, Brown, Judith K. 1970. Economic Organization and the Position of Women among the Iroquois. - *Ethnohistory*; the Tamils and Sinhalese in eastern Sri Lanka，Ruwanpura，Kanchana N.（转下页）

四、母系社会的终结

当代社会的社会制度和家庭形态有不少双系并存的现象，子女在父母双系中都有继承权，也对父母双方都维系着强烈的情感。从历史上看，母系社会与父系社会不是截然对立的，它们的发展有不同的版本，继承权在双系中转移的个案也曾存在，但总体上偏于父系，父丧子嗣，父亲身后由儿子继承家产，但将家产传给女儿的也有，只是少见。一般说，妻子和子女都属于男性家庭，父系家庭与家庭私有财产的联系更为紧密，恩格斯和李库克都持这种观点。

相比之下，母系社会的可变性更大。母系社会形态以集体化的财产和氏族社会的合作权力为前提。土地属于氏族，不会从母亲一方直接传给女儿。男子与另一个氏族的女孩结婚，仍属于本氏族成员，有时还属于本氏族家户。男子结婚时，男方氏族要向女方氏族支付定金，

（接上页）2006. *Matrilineal Communities, Patriarchal Realities. A Feminist Nirvana Uncovered*. The University of Michigan Press.;
the Asante in Ghana, Nave, Carmen. 2017. Marriage in Kumasi, Ghana: Locally Emergent Practices in the Colonial/Modern GenderSystem. - *Hypatia. A Journal of Feminist Philosophy*, 32: 3, pp. 557-573.

以嫁妆为主。嫁妆是女方氏族的共有财产。男方除了提供嫁妆或同类补偿之外，还可以为女方氏族提供农事劳动。子女是母系家庭的成员。男方和女方都有从本家族带来的财产，但要通过母亲获得继承权。个人财产归氏族所有，男方的财产归属男方的母系家族，女方的财产归属女方的母系家族。男人不能将个人财产转让给自己的子女，而要转让给姐妹的子女。

基督教和伊斯兰教对母系社会的作用比较复杂。在美国，基督教保留了土著人的母系社会，如在易洛魁人中保留了母系社会的部分形态，但财产归男女双方所有[1]，尊重私人财产，继承权可在男女双系进行。在非洲东南部、印度尼西亚、马来西亚和印度西南部，几个世纪里，伊斯兰教成功地与母系社会合作。在其他地区，母系社会以不同的速度被抛弃，不过尽管母系社会走向衰落，当地妇女仍比邻国的父系社会的女子更有地位[2]。

法律的改变造成了母系社会的脆弱状态。印度梅

---

[1] Myers, G. Merlin. 1989. *Households and Families of the Longhouse Iroquois at Six Nations Reserve*. The University of Nebraska Press, pp. 47-52

[2] Bonate, Liazzat J.K. 2017. Islam and matriliny along the Indian Oceanrim: Revisiting the old ‘paradox’ by comparing the Minangkabau, Kerala and coastal northern Mozambique. - *Journal of Southeast Asian Studies, 8: 3*, pp. 436-451.

加拉亚邦的卡西斯，实行从夫居的喀拉拉邦[1]，母系社会都在变，最近还在改变。昆奴姆马儿（Manaf Kottakkunnummal）研究印度的殖民法律对当地社会的影响，他指出，在喀拉拉邦的马培拉穆斯林中，原住民受到殖民法律的影响，改变了母系社会的民俗。推动这种改变的是家庭中的青年男性。他们借口“母系社会”是“非伊斯兰”文化，要求用父系社会予以取代。后来马培拉的男人财产增加，为了避免男人财产外流——转移给其姐妹的子女，当地通过法律，要求男子在生前将个人财产作为礼物，赠送给自己的妻子和子女。这样的法律就对母系社会民俗的合法传承产生了阻力。现在当地父系传递家产的现象越来越普遍，形成父母双系并存的局面[2]。其他研究表明，印度洋沿岸其他母系社会中也有类似的变

[1] Nongbri, Tiplut. 2010. Family, Gender and Identity: A comparative analysis of trans-Himalayanma trilineal structures. - *Indian Sociology 44: 1&2,* p. 155-178. Abraham，Janaki. 2017. ‘Matriliny did not become patriliny!’ The transformation of Thiyya ‘tharavad’ houses in 20th-century Kerala. - *Contributions to Indian Sociology 51: 3*, pp. 287-312.

[2] Kottakkunnummal, Manaf. 2014. Indigenous Customs and Colonial Law: Contestations in Religion, Gender, and Faily Among Matrilineal Mappila Muslims in ColonialMalabar, Kerala, c. 1910-1928. - *SAGE Open 4: 1.* January 2014，DOI： 10.1177/2158244014525416.

化[1]。在西非的加纳农场，家庭财产曾以传统的母系方式继承，如今越来越多的男子要在生前将财产转让给自己的子女和妻子（或多个妻子），而不是传给他们的兄弟、他们的外甥，或其母系家庭中的其他男性成员[2]。

五、欧洲史与母系社会

在西班牙北部的加利西亚（Galicia），古老的母系社会延续至今。直至20世纪60年代，当地还有走婚习俗。夫妻两人平时分居，男方夜间走访妻子。母系家庭的成员在收割季节帮助男子的家庭。在天主教教区也有走访婚，中间还有基督教的秘密婚礼[3]。在20世纪70年

❶ Bonate, Liazzat J.K. 2017. Islam and matrilinya long the Indian Oceanrim: Revisiting the old ‘paradox’ by comparing the Minangkabau, Kerala and coastal northern Mozambique. - *Journal of Southeast Asian Studies 48: 3,* pp. 436-451.

❷ Okali, Christine. 1983. *Cocoa and Kinship in Ghana. The matrilineal Akan of Ghana*. Kegan Paul International.

❸ Rey-Henningsen, Marisa. 1994. *The World of the Plough woman. Folklore and Reality in Matriarchal Northwest Spain*. FF Communications No. 254. Helsinki: Academia Scientiarum Fennica, pp. 102-111.

代左右，当地还有70%的农村家庭维系着母系制度。加利西亚还有一个特点，就是非婚生婴儿的比例很高，居全西班牙第一。玛丽莎·雷伊·亨宁森（Marisa Rey-Henningsen）多年研究当地民俗，曾指出，这个地区母系社会的突出特点是故事中的女性十分活跃，无论是好是坏都很积极。更早些时候，在比利牛斯山西端的巴斯克地区也有母系社会。欧洲其他地区还有父母双系制度[1]。

在罗马时代的著作中，对加利西亚和巴斯克地区的母系社会已有描写。在当代社会，斯特拉波（Strabo）的《地理学》仍对此有所记载[2]。他这样写伊比利亚北部的坎塔布里人：

> 按照坎塔布里人的风俗，丈夫给妻子嫁妆，是要让女儿去继承，兄弟们要结婚，是被姐妹嫁出去的。[3]

---

❶ Rey-Henningsen, Marisa. 1994. *The World of the Plough woman. Folklore and Reality in Matriarchal Northwest Spain.* FF Communications No. 254. Helsinki: Academia Scientiarum Fennica, p. 92.

❷ Rey-Henningsen, Marisa. 1994. *The World of the Plough woman. Folklore and Reality in Matriarchal Northwest Spain*. FF Communications No. 254. Helsinki: Academia Scientiarum Fennica, p. 61.

❸ Strabo. 1917. *The Geography*. Loeb Classical Library, 8 volumes, Greek texts with facing English translation by H. L. Jones: Harvard University Press, III: 4, 18.

罗马时期的学者还对妇女做主做过一个假设，其中不乏贬义。塔西多（Tacitus）在公元1世纪的著作中提到，在波罗的海沿岸靠近最北部的地方住着斯托尼斯人（*Sitones*），他们长得都像自己的邻居，在他们中间“妇女是性生活的统治者，这是当地社会衰落的原因。我不是说他们没有自由，而是说他们被世袭制度所禁锢”[1]。还有几位地理学家，有欧洲的，也有阿拉伯的，都反复描写过“女儿国”（或“女儿岛”）的故事。今天看来，那里是神话中的仙境，位于波罗的海的北端，是欧洲世界的尽头。

六、芬兰—波罗的海人

在古老的故事中，有时隐藏着某种事实。北欧国家的史前社会制度，与罗马人所习惯思维的社会相比，可能存在过更为平等的两性关系。从考古发掘看，至迟在

---

❶ Tacitus. 1970. *The Agricola and the Germania*. Translated with an introduction by H. Mattingly. Penguin Books, p. 45.

1200 年初，波罗的海东北海岸与更靠近东部的地区存在着独特的丧葬习俗。与邻近的印地—日耳曼人丧俗比较，两者差异很大。波罗的海东北岸国家的墓穴中，家庭或氏族成员被有意地混葬，加上其他一些习俗，向外界暗示着，这里曾有合作权力结构。墓穴中还有不少具有性别指向的陪葬品，如武器和珠宝，但这种信息在其他墓穴中也能找到[1]。

跨文化视野下的相似文化大都是平行物，一般情况下，男女日用品，如服装和装饰品，性别区分越明显，女性的社会地位就越低。但是，这些一般性的区分在波罗的海墓葬中表现得十分模糊，两性性别指向的物证差不多是均衡的[2]。大批武器发掘自同一墓穴，说明这里曾经是一个好战的社会，同类记载也还能从 12 世纪至 13 世纪的书面文献中查到。现在我们眼前呈现了一种十分不同的社会景象，历史学者和民俗学者所做出的解释

---

❶ Mägi, Marika. 2013. Late prehistoric societies and burials in the Eastern Baltic. - *Archaeologia Baltica 19*, pp. 177-194.

❷ Mägi, Marika. 2018. *In Austrvegr: The Role of the Eastern Baltic in Viking Age Communicationa cross the Baltic Sea.* The Northern World, Volume: 84. Brill, pp. 41-45, 82-85.

是：大概在铁器时代，波罗的海一带拥有两性关系平衡的社会。尼尔斯·布鲁姆克维斯特（Nils Blomkvist）研究中世纪的立法，他认为波罗的海东部在尚未融入西欧文明、被全面基督教化之前，母系社会习俗一直在传承，妇女依靠母权制提高社会地位[1]。13世纪初有了一种立法，大约在1212年左右发行过初版。当时有关继承权的条款规定如下：

> 一个男人娶妻后，应将其所有财产归属他的妻子支配。如果他要离开她，他就会失去耕地和财产。他的儿女可以占有他的财产。没有被儿子带走的财产归女儿和母亲所有。
>
> 如果妻子是寡妇，可与女儿共同继承财产；如果妻子再婚后，女儿们就要与母亲平分家产。[2]

---

❶ Blomkvist, Nils. 2005. *The Discovery of the Baltic. The Reception of Catholic World-System in the European North (AD 1075-1225).* Brill, pp. 182-191.

❷ text from Nazarova 1979 = Назарова，Евгения. 1979. ”Ливонскиеправды” какисторическийисточник. *Древнейшие государства на территории СССР. Материалы и исследования, 1979 год*. Москва: Наука, pp. 172-173.

在跨文化的平行研究中讨论这段条文，可以得到下列信息：此地确实存在过母系社会，男方给妻子和妻子的家庭带来了嫁妆，婚后男方搬到妻子的母系社会居住。如兄弟之中有亡故，需要弟债兄还或兄债弟还；谁能还债，谁就继承兄弟的财产。母系家庭中男人的财产由母系社会的男性亲属继承，一般传给母系兄弟姐妹的儿子。这份立法是德国人写的，他们来自父系社会，对波罗的海母系社会与自我文化的差异有排斥态度。他们认为父系社会是封建等级制，与母系社会并不相容，应该通过立法剔除母系社会的遗留物。该立法是在13世纪之后才在爱沙尼亚实施的。50年后，再看当地流传的文本，其中的法律条文已对家产继承民俗做了修改，明确规定：男方提供的嫁妆分给母系家庭的姐妹之后，姐妹的儿子是第一继承人；男人的财产归属妻子，但耕地、牧场和蜂箱可以自己留用，不必交给妻子[1]。尼尔斯·布罗姆克维斯特（Nils Blomkvist）发现，这份立法为德裔上层社会父系继承权提供了合法性。但在接下来的两个世纪中，

[1] Blomkvist, Nils. 2005. *The Discovery of the Baltic. The Reception of Catholic World-System in the EuropeanNorth (AD 1075-1225)*. Brill, pp. 191-194.

或者更多的世纪里，爱沙尼亚和拉脱维亚的农民立法都没提到新的财产继承法。14 世纪至 15 世纪，该立法已完全变成父系继承制，至少要求全部实行从夫居，但当地妇女的权力仍比大多数西欧国家的妻子要大得多。一位爱沙尼亚或拉脱维亚的女子，当“她不再爱某男人，不想和他同居时”，她有权利选择离婚[1]。尼尔斯·布罗姆克维斯特说，当地 13 世纪至 14 世纪的立法改革并未对此加以干涉，采取了沉默态度，很可能是母系民俗在农民社会中得到了保留[2]。从跨文化平行研究的视角，可以看到，还有其他几个个案是在上层阶级里推行父权制，取缔母系社会。加利西亚就有这种情况[3]。

有一种假设认为，母系社会主要是由民俗支撑的。过去几个世纪民俗学者搜集的资料大都显示出波罗的海一带是父系社会，实行从夫居。不过民俗资料也不是众

---

[1] text from Nazarova 1979 = Назарова, Евгения. 1979. "Ливонскиеправды" какисторическийисточник. *Древнейшие государства на территории СССР. Материалы и исследования, 1979 год*. Москва: Наука, p. 199.

[2] Rey-Henningsen, Marisa. 1994. *The World of the Plough woman. Folklore and Reality in Matriarchal Northwest Spain.* FF Communications No. 254. Helsinki: Academia Scientiarum Fennica, p. 70 ff.

[3] Blomkvist, Nils. 2005. *The Discovery of the Baltic. The Reception of Catholic World-System in the European North (AD 1075-1225).* Brill, pp. 196-198.

口一词，有的民俗资料也记载了妇女在某些方面所起的支配作用。在 18 世纪至 20 世纪初搜集一批民俗资料中，还能清楚地看出，波罗的海一带的婚俗与印地—日耳曼人的婚俗很不相同。爱沙尼亚的婚俗几个世纪以来都让基督教会头疼，那里的妇女享有较大的性自由，女性睡在分隔的公房里，男子夜间探访女性，这是明显的走婚制。此外，还有相应的社会仪式能帮助年轻人建立或短或长的交往关系。历史上的男女走访不一定都包括性交，尤其在两性最初交往时。在现代社会，当地女子未婚先孕，可在基督教的教堂举行婚礼做弥补，但在 18 世纪之前，私生子的母亲会受到严厉惩罚[1]。但是在爱沙尼亚，妇女即便有多个非婚生子女也不会受到歧视，还很容易再婚[2]。富裕农民的家庭婚姻大多是包办的，男方不一定与走访过新娘的追求者有什么瓜葛。

爱沙尼亚的民俗：（1）女性在民俗生活中占主导地

[1] Laur, Mati. 2008. Kohtumõistmine vallasemade üle Pärnu maakohtus 1740. aastal. -*Tuna 4/2008*, pp. 16-26.

[2] Metsvahi, Merili. 2016. Description of the Peasants' Sexual Behaviour in August Wilhelm Hupel's Topographical Messages in the Context of the History of the Estonian Family. - *Journal of Baltic Studies*. pp. 301-323.

位，这与波罗的海人的好战和唱民歌的习俗资格，形成了一种对比[1]；（2）民间故事中有掌管各种事务的母亲，如大地之母、水之母、幸福之母和悲伤之母；（3）有跨文化的平行民俗，爱沙尼亚的母系社会与加利西亚的母系社会一样，都崇拜女神[2]，或者是崇拜纳瓦霍母系社会神话中的超自然母亲[3]；（4）母系社会中的妇女继承权是重要的民俗，如果妇女只生了儿子，就等于没有子女。这些波罗的海国家的民俗是第一个女儿诞生后，家庭成员要改装，以示重视。也有的学者认为，当地女性的服饰并未全面反映妇女的婚姻状况，而是反映了女性的结婚年龄和生育率[4]；（5）妇女头饰也是婚俗的标志，未婚先孕戴婚纱；19 世纪时，女孩或年轻女子有了戴帽子的仪式，这些都是纯粹的女性仪式；（6）新娘与新郎的母

---

[1] Mets, Tiiinu. 2003 Vaimne elu: mõnda usundilistest kujutelmadest. - Mägi, M. (ed.) *Eesti aastal 1200*. Tallinn: Argo, pp. 69-90.

[2] Rey-Henningsen, Marisa. 1994. *The World of the Plough woman. Folklore and Reality in Matriarchal Northwest Spain*. FF Communications No. 254. Helsinki: Academia Scientiarum Fennica, pp. 191-197.

[3] Stone, Linda. 2000. *Kinship and Gender. An Introduction*. Second edition. Westview Press, pp. 132-133.

[4] Mägi, Marika & Ratas, Jana. 2003. Eestlaste rõivastus. - Mägi, M. (ed.) *Eesti aastal 1200*. Tallinn: Argo, and references

亲掌管婚礼，父亲说了不算，代表娘家的男性不是父亲，而是新娘的兄弟[1]；（7）兄弟姐妹之间的关系对所有波罗的海民俗都有决定性的意义[2]。

结　论

母系社会理论或母权制的概念，以往受到思想偏见的影响，研究活动阻滞，现在这种情况还在继续。“母权制”的说法长期被神话传说所裹挟，或者被当作神话拒绝，缺乏认真而深入的讨论。经过一个多世纪的激烈讨论，现在还有一些学者将母系社会与母权制等同起来，否认这个历史阶段的研究意义和学术价值。跨文化视野下的平行研究说明，母系社会与其他非父系的社会形态都有大量的文本，但唯有父系社会和父权制被认为是先

---

[1] Talve, Ilmar. 1987. Morsiamestanuorikoksi: häidenrakenneitämerensuomalaisilla. - *Sananjalka. Suomen Kielen Seuranvuosikirja 29*, pp. 127-167. Mägi, Marika, 2009. Abielu, kristianiseerimine ja akulturatsioon. Perekondliku korralduse varasemast ajaloost Eestis. - *Ariadne lõng IX*, pp. 76-101.

[2] Metsvahi, Merili. 2015. Venna ja õe abielu tagajärjel tekkinud järve muistend. Perekonnaajaloolisi tõlgendusi. - *Keel ja Kirjandus*, pp. 573-588.

进的人类文明，其他都是“落后的”和“非先进的社会”形态，应拒之门外。在欧洲当代学术界，已对人类社会制度与家庭形态按相同模式发展和同步发展的学说提出了新的质疑。近期又在西班牙北部和波罗的海东北岸发现了很多考古个案，以及世界其他地区发现的与之相似的例子，都对此提供了佐证。这类丰富的资料以及跨文化的平行观察，给学者提供了一种新的可能性，即按照已经呈现的早期社会的多元性差异，开展考古学、跨文化学和民俗学的交叉研究，对史前社会、中世纪和前现代化社会做更为精细的解释。

附　录

“跨文化研究”丛书书目❶

1 乐黛云《跨文化方法论初探》，中国大百科全书出版社，2016。

2 ［法］汪德迈（Léon Vandermeersch）《中国文化思想研究》，中国大百科全书出版社，2016。

3 ［法］金丝燕、法宝（T·Dammaratana）《佛经汉译之路：〈长阿含·大本经〉对勘研究》，北京大学出版社，2016。

4 ［法］金丝燕《文化转场：中国与他者》，中国大百科全书出版社，2016。

5 程正民《跨文化研究与巴赫金诗学》，中国大百科全书出版社，2016。

6 董晓萍《跨文化民间文艺学》，中国大百科全书出版社，2016。

7 ［法］劳格文（John Lagerwey）《华南民俗志》，中国大百科全书出版社，2016。

8 王邦维《跨文化的想象：文献、神话与历史》，中国大百科全书出版社，2017。

9 王一川《跨文化艺术美学》，中国大百科全书出版社，2017。

10 董晓萍《跨文化民俗学》，中国大百科全书出版社，2017。

11 董晓萍《跨文化民俗志》，中国大百科全书出版社，2017。

12 董晓萍《钟敬文与中国民俗学派》，中国社会科学出版社，2017。

13 ［爱沙尼亚］于鲁·瓦尔克（Ülo Valk）《信仰·体裁·社会》，董晓萍译，中国大百科全书出版社，2017。

［法］劳格文（John Lagerwey）、谭伟伦主编《中国客家地方社会研究》（全4卷），中国人民大学出版社，2017。

14 ［法］劳格文、谭伟伦主编《（一）闽西客家社会——长汀》，中国人民

❶ “跨文化研究”丛书是教育部人文社会科学重点研究基地重大项目“跨文化视野下的汉语、汉字与民俗文化研究”的综合性研究成果，［法］金丝燕、董晓萍主编，中国出版社有：中国大百科全书出版社、北京大学出版社、商务印书馆、中国人民大学出版社、高等教育出版社、中国社会科学出版社、文化艺术出版社和上海大学出版社。法国出版社有：Paris:Éditions You Feng Libraire & Éditeur 与 Paris：Nuvis，乐黛云、［法］金丝燕、董晓萍主编。

大学出版社，2017。

15 ［法］劳格文、谭伟伦主编《（二）闽西客家社会——宁化》，中国人民大学出版社，2017。

16 ［法］劳格文、谭伟伦主编《（三）与非客的社会》，中国人民大学出版社，2017。

17 ［法］劳格文、谭伟伦主编《（四）粤东粤北社会》，中国人民大学出版社，2017。

18 ［法］汪德迈（Léon Vandermeersch）《中国思想的两种理性：占卜与表意》，［法］金丝燕译，北京大学出版社，2017。

19 王宁《汉字六论》，中国大百科全书出版社，2017。

20 ［法］汪德迈（Léon Vandermeersch）、金丝燕编著《古文言读本》（法文版），Paris: Éditions You Feng Libraire & Éditeur，2017。

21 ［法］金丝燕等译《药师琉璃光七佛本愿功德经》（法文版），Paris: Éditions You Feng Libraire & Éditeur，2017。

22 董晓萍《中国经典故事》（法文版），Paris :Nuvis，2017。

23 ［德］艾伯华（Wolfram Eberhard）《中国民间故事类型》（修订版），王燕生、周祖生译，刘魁立审校，董晓萍校注，商务印书馆，2017，2018。

24 ［法］汪德迈（Léon Vandermeersch）《跨文化中国学》，中国大百科全书出版社，2018。

25 乐黛云、陈越光主编《全球视野下的中国文化本位》，中国人民大学出版社，2018。

26 乐黛云、陈越光主编《全球治理、国家治理和社会治理》，中国人民大学出版社，2018。

27 ［法］金丝燕主编《中国当代艺术》（法文版），Paris: Nuvis，2018。

28 ［法］白乐桑（Jöel Belensan）《跨文化汉语教育学》，中国大百科全书出版社，2018。

29 ［英］白馥兰（Francesca Bray）《跨文化中国农学》，董晓萍译，中国大百科全书出版社，2018。

30 董晓萍《跨文化民俗体裁学》，中国大百科全书出版社，2018。

31 王宁《跨文化汉字学》，Paris:Éditions You Feng Libraire & Éditeur，2018。

32 程正民《巴赫金诗学》，Paris:Éditions You Feng Libraire & Éditeur，2018。

程正民主编《20世纪俄罗斯诗学流派研究》（全6卷），中国社会科学出版社，2018。

33 程正民《巴赫金的诗学》，中国社会科学出版社，2018。

34 王志耕《俄罗斯社会学诗学》，中国社会科学出版社，2018。

35 张冰《俄罗斯形式主义诗学》，中国社会科学出版社，2018。

36 贾放《普罗普的故事诗学》，中国社会科学出版社，2018。

37 马晓辉《俄罗斯历史诗学》，中国社会科学出版社，2018。

38 张冰《洛特曼的结构诗学》，中国社会科学出版社，2018。

董晓萍主编《钟敬文全集》(全 16 卷，共 30 册)，高等教育出版社，2018。

39 钟敬文《钟敬文全集》第 1 册，董晓萍编《总目》，高等教育出版社，2018。

40 钟敬文《钟敬文全集》第 2 册，连树声编《中国民俗学派》，高等教育出版社，2018。

41 钟敬文《钟敬文全集》第 3 册，钟敬文主编《民俗学概论》，高等教育出版社，2018。

42 钟敬文《钟敬文全集》第 4 册，董晓萍编《歌谣学 / 故事学》，高等教育出版社，2018。

43 钟敬文《钟敬文全集》第 5 册，董晓萍编《神话传说学 / 谚语与谜语 / 民族民间文学》，高等教育出版社，2018。

44 钟敬文《钟敬文全集》第 6 册，董晓萍、刘铁梁编《民间文艺新论集 / 民间诗歌与文人诗 / 歌谣史与诗歌史》，高等教育出版社，2018。

45 钟敬文《钟敬文全集》第 7 册，董晓萍编《民间文学（香港版）/ 人民口头创作》，高等教育出版社，2018。

46 钟敬文《钟敬文全集》第 8 册，钟敬文主编《民间文学概论》，高等教育出版社，2018。

47 钟敬文《钟敬文全集》第 9 册，陈子艾编《民俗文化学与文化史》，高等教育出版社，2018。

48 钟敬文《钟敬文全集》第 10 册，董晓萍整理《民俗文化学个案研究：女娲考 /〈水浒传〉专书研究》，高等教育出版社，2018。

49 钟敬文《钟敬文全集》第 11 册，王宁整理《民间文化传承学卷（第一册）/ 国学与外来学说》，高等教育出版社，2018。

50 钟敬文《钟敬文全集》第 12 册，王宁整理《民间文化传承学卷（第二册）/ 民间宗教与民间口头传承研究》，高等教育出版社，2018。

51 钟敬文《钟敬文全集》第 13 册，萧放编《历史民俗学》，高等教育出版社，2018。

52 钟敬文《钟敬文全集》第 14 册，杨利慧编《民间艺术学》，高等教育出版社，2018。

53 钟敬文《钟敬文全集》第 15 册，万建中编《民俗教育学》，高等教育出版社，2018。

54 钟敬文《钟敬文全集》第 16 册，程正民编《文艺学》，高等教育出版社，2018。

55 钟敬文《钟敬文全集》第 17 册，张恩和编《鲁迅研究文存（第一册）/ 关于鲁迅的论考与回想》，高等教育出版社，2018。

56 钟敬文《钟敬文全集》第 18 册，张恩和编《鲁迅研究文存（第二册）/ 鲁迅研究札记与译著》，高等教育出版社，2018。

57 钟敬文《钟敬文全集》第 19 册，何乃英编《国际交流卷》，高等教育出版社，2018。

58 钟敬文《钟敬文全集》第20册，童庆炳编《散文卷（第一册）/五四以来散文创作与抗战报告文学》，高等教育出版社，2018。

59 钟敬文《钟敬文全集》第21册，童庆炳编《散文卷（第二册）/现代散文与创作论》，高等教育出版社，2018。

60 钟敬文《钟敬文全集》第22册，董晓萍、康丽编《诗歌概论/诗歌通论/诗词格律要略》，高等教育出版社，2018。

61 钟敬文《钟敬文全集》第23册，胡友鸣编《考证〈白香词谱〉》，高等教育出版社，2018。

62 钟敬文《钟敬文全集》第24册，赵仁珪编《诗词总集》，高等教育出版社，2018。

63 钟敬文《钟敬文全集》第25册，赵仁珪、钟宜编《诗词补集》，高等教育出版社，2018。

64 钟敬文《钟敬文全集》第26册，宫苏艺编《报刊文章》，高等教育出版社，2018。

65 钟敬文《钟敬文全集》第27册，秦永龙、董晓萍编《学术书信卷》，高等教育出版社，2018。

66 钟敬文《钟敬文全集》第28册，史玲玲、朱霞、赖彦斌、赵娜编《钟敬文与北师大民俗学史（1949—2013年）》，高等教育出版社，2018。

67 钟敬文《钟敬文全集》第29册，董晓萍、赖彦斌、赵娜编《钟敬文录像图文卷》，高等教育出版社，2018。

68 钟敬文《钟敬文全集》第30册，钟少华、钟宜、曹文瀚编《图片手迹》，高等教育出版社，2018。

69 董晓萍《文献与口头：历史经典名著故事类型》，上海大学出版社，2019。

70 ［法］金丝燕《文化转场：法国早期汉学视野研究》，中国大百科全书出版社，2019。

71 董晓萍《跨文化技术民俗学》，中国大百科全书出版社，2019。

72 董晓萍《跨文化民间叙事学：鲁班研究个案》，中国大百科全书出版社，2019。

73 王一川《中国艺术心灵》，中国大百科全书出版社，2019。

74 李国英《〈说文解字〉研究四题》，中国大百科全书出版社，2019。

75 韩琦《康熙皇帝·耶稣会士·科学传播》，中国大百科全书出版社，2019。

76 ［法］罗栖霞（Julie Lechemin）《法国国家图书馆：汉学图书的跨文化典藏》，中国大百科全书出版社，2019。

77 刘宁《跨文化苏联文学访谈录》，李正荣整理，中国大百科全书出版社，2019。

78 ［爱沙尼亚］于鲁·瓦尔克（Ülo Valk）《信仰故事研究要点》，董晓萍译，中国大百科全书出版社，2019。

79 董晓萍《国家·历史·民俗》，中国大百科全书出版社，2019。

80 ［法］汪德迈（Léon Vandermeersch）《中国教给我们什么？》，［法］金丝燕译，香港中文大学出版社，2019。